HISTOIRE

ANCIENNE,

OU

PREMIÈRE PARTIE

DE

L'HISTOIRE

DES

HOMMES.

HISTOIRE

DES

HOMMES,

OU

HISTOIRE

NOUVELLE

DE TOUS LES PEUPLES

DU MONDE,

PARTIE DE L'HISTOIRE ANCIENNE.

TOME XXIII.

A PARIS,

M. DCC. LXXXIII.

Avec Approbation, & Privilége du Roi.

HISTOIRE

DE

LA GRECE.

VIE D'ALEXANDRE,

DEPUIS SON RETOUR DE L'INDE

JUSQU'A SON ENTRÉE DANS BABYLONE.

Pendant que Néarque, à la tête de
la flotte Macédonienne, rentrait par le
golfe de Perſe dans l'ancienne Monarchie de Darius, Alexandre s'y rendait
par terre avec l'élite de ſes troupes &
ſa phalange ; comme il n'avait point de
Géographes dans ſon armée, il eut l'im-

prudence de s'engager dans de vaftes
déferts , dont quelques hordes de Sauvages appellés les Crites, habitaient les
extrémités ; il s'y vit en butte à toutes
les intempéries d'une faifon orageufe , à
la famine , à la pefte & à tous les défaf-
tres qui accompagnent les conquêtes , &
qui devraient en être la punition. Arrien dit qu'après une marche pénible de
foixante jours , quand le Héros arriva
fur les frontières de la Gedrofie , il lui
reftait à peine le quart de fon armée ,
qui , au tems de fes triomphes dans
l'Inde, montait à cent vingt mille hommes
de pied & à quinze mille chevaux.

La vanité oublie bientôt le mal qu'elle
fe fait à elle-même . quand Alexandre ,
remis de toutes fes fatigues, fe revit dans
la Perfe , le théâtre de fa gloire primitive , il voulut jouir en enfant de cette
renommée guerriere , dont il n'avoit dû
l'idée qu'à l'enfance de fa raifon. Il
traverfa toute la Caramanie dans l'équi-
page où les Poëtes repréfentent Bacchus.

Il était traîné fur un char fuperbe, fculpté en forme de théâtre, où mollement couché avec fes Favoris, il fe livrait à tous les excès de l'yvreffe & du libertinage : ce char de triomphe était entouré d'une foule d'autres du fecond rang, dont les uns repréfentaient des tentes meublées avec tout le luxe oriental, & les autres foutenaient des guirlandes de fleurs entrelaffées parmi des branches de bois odoriférant, qui fe courbaient en berceaux. Le cortege était fermé par des Bacchantes à demi nues & échevelées, qui faifaient retentir l'air de leurs hurlemens religieux. Cette marche théâtrale dura fept jours, pendant lefquels l'armée, dit-on, ne défennyvra pas; heureufe fans doute de traverfer en cet état des régions amies, car les trois cent Spartiates des Thermopyles auraient fuffi alors pour paffer au fil de l'épée tous ces vainqueurs du monde.

Alexandre, dans les intervalles où fa

tête se trouvait moins obsédée par les fumées du vin, formait les plus vastes projets ; il voulait, en partant du golfe de Perse, faire le tour de l'Afrique, & rentrer dans la Méditerranée par le Détroit de Gibraltar, qu'on ne connaissait encore que sous le nom des Colonnes d'Hercule : de-là il se proposait d'enlever à Carthage ses conquêtes, de franchir l'épée à la main les Pyrénées & les Alpes, d'humilier l'orgueil de Rome, République, & de rentrer par l'Epire dans la Macédoine ; toutes ces folies héroïques devaient être terminées par le monument le plus Colossal que jamais les Arts eussent érigé à la gloire des Conquérans, par les travaux sur le mont Athos, qu'on devait tailler en statue d'Alexandre.

A cette époque, le Héros partageait sa faveur entre l'Eunuque Bagoas & Epheſtion. Le premier comme plus vendu à tous les caprices de son Maître, avait même un crédit plus étendu ; il donnait ſon ame vile & cruelle à tout ce qui l'entourait , & on pouvait dire qu'Alexandre n'avait conquis le monde que pour le mettre aux pieds de Bagoas.

Il en coûta cher au Satrape Orſine , pour avoir humilié la fierté de cet Eunuque ; ce Perſe, iſſu du ſang de Cyrus , & le particulier le plus opulent de l'Aſie, avait rendu les plus grands ſervices à Alexandre, dans le gouvernement de Paſagarde ; tout récemment encore, lorſque le Conquérant était entré dans la ville où il commandait , il avait été au-devant de lui avec des préſens , dont Créſus lui-même ſe ſerait honoré. C'étaient des vaſes d'or d'un poids énorme , des robes de pourpre , des pierreries, & quatre mille talens (près de vingt-deux millions) en argent monnoyé ; le Satrape, dont l'ame était encore plus haute que la fortune, oublia exprès, dans ſes largeſſes , Bagoas ; alors celui-ci l'accuſa d'avoir pillé le tombeau de Cyrus , & quelqu'abſurde que fût la

calomnie, Alexandre qui mettait bien
moins de prix à la haine de l'Afie qu'à
la bouderie paffagère d'un Eunuque,
fans entendre Orfine, fans le confronter
avec fes accufateurs, l'envoya au fupplice.

Au fpectacle d'un Prince du fang de
Cyrus perdant fans raifon fa vie fur un
échafaut, fuccéda celui de la mort volontaire de Calanus. Ce Gymnofophifte
ou *Philofophe tout nud*, car telle eft
l'étymologie grecque (quoiqu'il n'y ait
pas beaucoup de philofophie à adopter
la nudité abfolue des Sauvages) ce Gymnofophifte, dis-je, s'était attaché dans
l'Inde à la fortune d'Alexandre. Il avait
alors quatre-vingt-trois ans, & grace
à la beauté du climat qu'il habitait, à
fa frugalité, & fur-tout à l'abfence
des paffions, il était parvenu à ce période de la vieilleffe, fans avoir jamais
fubi la plus légère incommodité. Le foleil de la Perfe fit fermenter fon fang,
& étant arrivé malade à Pafagarde, pour

ne point lutter trop long-tems contre les approches de la mort, il fit les apprêts de fon fuicide. On dreffa, fuivant fes vues, un énorme bucher dans une Place publique , & quand Alexandre avec fa Cour & les principaux citoyens de Pafagarde, invités comme à une repréfentation théâtrale , eurent pris place, l'Indien parut à cheval au milieu de l'affemblée, fit quelques cérémonies religieufes , embraffa tendrement fes amis & les affura qu'il reverrait bientôt Alexandre dans Babylone : enfuite il monta gaiement fur le bucher , & s'y étendit en voilant fon vifage. La flamme vint bientôt le faifir , mais la douleur ne lui fit pas faire le plus léger mouvement ; il demeura dans l'attitude qu'il avait choifie , jufqu'à ce qu'il eût confommé fon facrifice.

Ce fpectacle ainfi que celui du fupplice d'Orfine attrifta l'ame du Conquérant, & pour fe diftraire il fe livra à tous les excès de la débauche la plus

effrénée ; dans une de ses orgies licen-
tieuses, il proposa une couronne d'or à
celui qui serait vainqueur dans les combats d'yvresse. Promachus but, dit-on,
quatre mesures de vin, qui répondent à
environ vingt de nos bouteilles, remporta le prix, & ne survécut que de
trois jours à son triomphe. Trente cinq
de ses rivaux étaient morts dans la salle
même du festin, & six autres expirèrent
quand on les transporta dans leur tente ;
pour le demi-Dieu, il est probable qu'il
se contenta d'être Juge ; il n'osa pas,
dans un combat aussi inégal , exposer
son immortalité.

Alexandre se rendit de Pasagarde aux
ruines de Persepolis, & de-là à Suze.
C'est dans cette dernière ville qu'on lui
amena les trente mille Epigones : on
donnait ce nom à des cohortes brillantes
de Perses , tous robustes, bien faits, &
dans la force de l'âge , qui venaient
remplacer les vieilles bandes hors de
service. Les Conquérants de l'Inde à

leur vue fe foulevèrent , & perfuadés
que leur Prince allait établir le fiege de
fon Empire en Afie , ils demandèrent
avec des cris de fureur leur congé : la
licence de la fédition alla au point,qu'on
difait publiquement & autour de la tente
royale, que puifqu'Alexandre dédaignait
ainfi les vieux guerriers auxquels il devait fes victoires , il pouvait difpofer
avec Jupiter fon père , le plan de fes
campagnes , & qu'il n'avait plus aucun
fervice à attendre des foldats de Macédoine.

Alexandre fentit à l'inftant tout le
danger de cette émeute , mais fon génie
fçut l'en tirer : il commença par en impo-
fer à la multitude par un coup d'autorité ; il fe montre tout-à-coup aux rebelles,
dans cette attitude fière qui annonce la
fupériorité , défigne lui-même à fes
gardes treize des foldats qu'il voyait le
plus animés , & les envoye au fupplice ,
enfuite il monte fur fon Tribunal : *In-
grats* , leur dit-il , *vous me demandez votre*

congé, je vous le donne : allez , publiez en Afie & en Europe que vous avez abandonné votre Roi à la merci des Peuples qu'il a vaincus, & qui plus généreux que vous lui font reflés fidèles.

A l'inftant, fans attendre la réponfe de fes foldats, il rentre dans fa tente, caffe fon ancienne garde, lui en fubftitue une autre tirée du corps des Epigones , & fe tient renfermé plufieurs jours fans voir perfonne.

Ce trait de génie fit fon effet : les Macédoniens confternés, comme fi on avait prononcé à chacun d'eux fon arrêt de mort, fe rendent dans l'abattement de la douleur auprès de la tente royale , y dépofent leurs armes, fe reconnaiffent coupables,& déclarent que plus fenfibles à la perte de l'honneur qu'à celle de la vie , ils mourront de leurs remords, fi leur crime n'eft pas pardonné. La politique adroite d'Alexandre attendait les Macédoniens à cette épreuve : dès qu'il les vit dignes de lui, il fe montra digne d'eux ; il fortit de fa tente avec un vifage ferein , releva quelques foldats qui embraffaient fes genoux , verfa quelques larmes de tendreffe & leur rendit à tous fon amitié.

Cependant comme parmi les vétérans qui avaient fait les campagnes de Philippe , il y en avait un grand nombre que l'âge & leurs bleffures mettaient hors de fervice , il les renvoya dans leur patrie avec de riches préfens : il y joignit auffi des privileges faits pour flatter leur vanité , tels que d'affifter aux fpectacles la couronne de laurier fur la tête. Ce fut Cratère qui fe vit chargé de ramener en Grèce ces vieux guerriers, & le Roi lui donna , à la place d'Antipater , la viceroyauté de la Macédoine.

Le triomphe d'Alexandre ne tarda pas à être troublé, par un évènement qui mit à l'épreuve toute fa fenfibilité. Epheftion était depuis fon enfance le confident de fes penfées, & fi les Rois peuvent avoir des amis, celui-ci l'était fans doute de fon maître ; Alexandre le fçavait bien : un jour qu'on vantait devant lui la tendreffe de Cratère, *Cratère, dit-il, aime le Roi, mais Epheftion aime Alexandre.* Comme depuis la conquête de l'Inde le moyen le plus affuré de plaire au Héros, était de jouer un rôle dans fes orgies licentieufes, à force d'allier enfemble les débauches de l'amour & celles du vin , une fièvre ardente s'alluma dans les veines d'Epheftion, & il périt des fuites de fon intempérance.

On ne peut exprimer la douleur profonde du Monarque, quand il apprit que ce fecond lui-même n'était plus ; il ordonna aux peuples de l'Afie de laiffer éteindre le feu facré , comme il était d'ufage à la mort des Rois de Perfe , il fit rafer le temple d'Efculape à Ecbatane, on croit même qu'il fit mourir en croix le Médecin Glaucias , qui n'avait pu guérir Epheftion

Quand il eut payé à la mémoire de fon ami ce tribut d'extravagances impies

& cruelles , il fit tranfporter fon corps à Babylone, pour y recevoir les honneurs funèbres. On abbatit un pan des murs de cette Ville fuperbe, dans la longueur de dix ftades , & c'eft dans cet efpace que fut conftruit le bucher. Le monument formé de trente édifices particuliers qui communiquaient entre eux , & décoré avec tout le fafte Oriental, s'élevait à cent quatre-vingt-quatre pieds de haut. Un calcul de Diodore , exagéré fans doute , en fait monter la dépenfe à douze mille talens ou foixante-cinq millions.

Non content d'avoir fait à fon favori des funérailles telles que l'Afie ne les imagina jamais à la mort de Cyrus ou de Sémiramis, Alexandre voulut, de fon autorité privée , le loger parmi les immortels : il demanda pour la forme l'agrément de l'Oracle d'Ammon , & quand il l'eut obtenu, il inftitua , en l'honneur de l'homme intempérant qu'il venait de conduire au bucher , un culte religieux. Le premier facrifice qui lui fut offert coûta la vie à dix mille victimes.

Il eft difficile de croire qu'Alexandre pour éternifer encore plus le fouvenir de fes regrets, n'ait pas bâti quelque Ville, en l'honneur du compagnon de fa gloire & de fes débauches; tout le monde fçait qu'il en avait bâti une dans l'Inde, en l'honneur de fon cheval Bucèphale, & ce qui n'eft connu que d'un petit nombre de fçavans, il avait rendu le même hommage à la mémoire de Perite, fon chien favori (a). Je ne parle pas ici de toutes les Alexandries qu'une renommée infidèle a fait conftruire par ce Prince, dans le cours de fes conquêtes. Etienne de Byzance en comptait dix-huit (b), & le bon Plutarque jufqu'à foixante & dix: quand on veut concilier toutes ces conftructions de villes

______

(a) *Plutarch.* in Alexand.
(b) In voce *Alexandria.*

avec les marches rapides du Conquérant en Asie, on est tenté de croire qu'il n'a bâti toutes ses Alexandries qu'avec la lyre d'Amphion.

Alexandre dans l'intervalle de la mort de son favori & de sa pompe funèbre, pour se distraire un peu des idées sinistres dont son ame était obsédée, avait mené son armée sur les terres des Cosséens, Peuple belliqueux des montagnes de la Médie, que jusqu'alors aucun Roi de la Perse n'avait pu dompter ; il fit la conquête de toute la contrée en quarante jours, ensuite il passa le Tygre, & prit la route de Babylone.

Il était tems que le Conquérant parut devant cette ancienne Métropole de l'Asie. Harpale qu'il en avait nommé Gouverneur, persuadé que les Macédoniens ne reviendraient jamais de l'expédition de l'Inde, s'en était fait le Souverain absolu, & si ce factieux avait eu autant de génie que d'ambition, il ne tenait qu'à lui de défendre avec fuccès le trône qu'il avait ufurpé, contre des foldats amollis par leur vie licentieufe, & qui n'avaient de force que par leur ancienne renommée ; mais Harpale énervé lui-même par la dégradation de fes mœurs, n'était pas en état de conduire un projet audacieux à fa maturité. A l'approche du Héros qui venait le punir, il fe contenta d'emporter cinq mille talens (un peu plus de vingt-fept millions) du tréfor de Babylone, & à la tête de fix mille hommes de guerre qu'il avait raffemblés, il vint chercher un afyle dans Athènes, contre le couroux du Roi de Macédoine.

Athènes qui n'était plus la République des Themiftocle & des Alcibiade, avait le plus grand intérêt à ne point rompre avec le Héros qui l'avait déjà vaincue à Cheronée, & pour endormir fa politique il fallait néceffairement la corrompre ; Harpale commença par tenter la probité de Phocion, en lui faifant offrir fept cens talens, mais Phocion était un de ces hommes rares que la nature avait oublié de faire naître au fiècle d'Ariftide. Les Miniftres de la corruption échouèrent auprès de lui; ils furent plus heureux auprès des Orateurs, déjà corrompus d'avance par l'efpoir de partager le fruit des brigandages d'Harpale. Quand le factieux eut ainfi mis à prix l'éloquence de ces bouches venales, il voulut acheter le filence de Démofthène & il y réuffit. Un jour que cet homme de génie, mais dont l'ame était fi faible, affiftait à l'inventaire des riches effets enlevés du tréfor de Babylone, on tomba fur une coupe d'or d'un travail exquis, que l'Artifte avait faite pour Alexandre. Démofthène qui ne pouvait fe laffer de l'admirer, en demanda le poids: *elle peut bien*, dit Harpale en fouriant, *pefer vingt talens* (a),

---

(a) Il faut bien diftinguer ici le *talent-monnaye* des Grecs du *talent - poids*. Le dernier

& le soir même il lui envoya & la coupe & vingt talens en numéraire.

. Démosthène ne se consola pas long-tems, avec son or, de son ignominie; l'Aréopage informa contre sa prévarication, & le condamna à une amende de cinquante talens; l'Orateur qui ne pouvait la payer s'exila; il ne fut rappellé que plusieurs années après, quand oubliant la juste sévérité de sa patrie, il souleva, pour la sauver de la tyrannie des successeurs d'Alexandre, Argos,

---

dont il s'agit ici pesait soixante & dix livres attiques, qui répondent à soixante-six livres quarante-quatre grains, suivant l'évaluation de l'Europe moderne; mais sans parler ici du peu de vraisemblance qu'Harpale ait donné à Démosthène une coupe dont la valeur intrinseque, sans la façon, eût été de près de deux millions, il reste toujours dans cette anecdote une absurdité à dévorer: je demande comment on pouvait faire usage d'une coupe, du poids de plus de treize cent vingt livres; il aurait fallu pour la soulever une des machines d'Archimede.

Sicyone , Corinthe & prefque toutes les Métropoles du Péloponèfe ; malheureu-fement la caufe la plus jufte fut dans cette occafion la plus malheureufe. Antipater vainquit Athènes , & la força à condamner elle-même à mort, l'Orateur qui pendant fi long-tems avait fait fa gloire. L'infortuné obligé de s'exiler une feconde fois , chercha un afyle dans un temple de Neptune , fitué dans une petite ifle de Calaurie , & comme les Satellites d'Antipater y entraient pour l'en arracher , il avala un poifon violent qu'il portait toujours fur lui : l'effet en fut terrible , car quelques minutes après il tomba mort aux pieds de l'autel que fes mains défaillantes avaient embraffé. Athènes qui avait eu la faibleffe de le profcrire , rendue à fes remords , lui érigea une ftatue.

Quant à Harpale , obligé de fe fauver d'Athènes , il tomba entre les mains de Philoxène , un des Lieutenans d'Alexandre en Europe , qui après lui avoir

fait subir une question cruelle, l'envoya
au supplice (*a*).

(*a*) D'autres Historiens prétendent que ce
rebelle fut tué en trahison par Thimbron, un de
ses amis, qui s'empara dans la suite de Cyrène ;
ce qu'il y a de sûr, c'est qu'il survécut à Alexandre. Diogène le Cynique disait à ce sujet,
que *la prospérité d'Harpale accusait les Dieux
qui lui laissaient de si longues jouissances.* Voyez
Cicer. de natur. deor. lib. 3. cap. 3.

ENTRÉE TRIOMPHANTE

D'ALEXANDRE DANS BABYLONE.

MORT DE CE CONQUÉRANT.

ALEXANDRE était attendu dans Baby-lone par les Ambaſſadeurs de preſque tous les Peuples de l'Aſie & de l'Europe qui venaient lui rendre hommage ; le Héros flatté de tenir pour ainſi dire les états généraux de l'Univers, ſe hâta d'arriver dans cette Ville ſuperbe, & y renouvella aux yeux des habitans le ſpectacle des entrées triomphantes de Ninus & de Sémiramis.

Les repréſentans des Royaumes & des Républiques du monde connu épui-ſèrent leur génie, comme on s'en doute bien, à flatter la vanité d'Alexandre ; les uns lui offrirent les préſens les plus rares des contrées qu'ils habitaient, les

autres les titres de leur Souveraineté.
Quand le tour des Députés de Corinthe
fut arrivé, ceux-ci le prièrent seulement
d'agréer parmi eux le droit de Bour-
geoisie. Le vainqueur de Darius & de
l'Inde sourit d'abord de dédain, quand
on lui proposa d'ajouter à ses titres celui
de Bourgeois de Corinthe ; mais quand
il eut appris que ce privilège, jusqu'à ce
moment, n'avait encore été accordé qu'à
Hercule, il l'accepta avec plaisir, pour
ne point déplaire au demi-Dieu, qu'il
disait issu comme lui du sang de Jupiter.

Une tradition Grecque veut que
parmi ces Ambassadeurs il s'en trouva
de Rome même (*a*). On ajoute que le

____

(*a*) On cite contre cette anecdote le témoignage de Tite-Live, qui assure, *lib. 9.
cap. 17.* qu'à cette époque le nom même d'Alexandre n'était pas encore parvenu en Italie :
mais de quel poids peut être un pareil témoignage, puisque, quelques pages auparavant, le
même Historien avait dit que la République
deft nait Papirius Cursor à combattre le Héros
de la Macédoine, si après avoir conquis l'Asie,

Héros s'étant informé de la conftitution de cette République , lui prédit qu'un jour fa grandeur écraferait l'Univers ; Oracle , qui ainfi que tous ceux de l'Antiquité , n'a fans doute été imaginé qu'après l'évènement.

Quand le Héros fut un peu raffafié de gloire, il fongea à embellir cette Babylone, dont il voulait faire la Métropole de fa nouvelle Monarchie ; il rétablit quelques digues de l'Euphrate , rendit le fleuve plus navigable, & s'occupa fur-tout à réparer la fameufe tour de Belus , que Xerxès avait démolie à fon retour du Péloponèfe , & qui depuis cette époque était demeurée en ruines : les Mages furent chargés de préfider à cette entreprife ,& comme leur activité ne répondait point à celle de fon génie ,

---

il venait l'épée à la main defcendre en Europe ? Il eft probable que la terreur du nom d'Alexandre occafionna en effet cette Ambaffade , & que dans la fuite l'orgueil de Rome tenta de la faire oublier.

il fit travailler en même tems dix mille
de fes foldats , qui employèrent deux
mois entiers feulement à enlever les
décombres. On peut juger par ce trait
de la maffe énorme de cet édifice,
décrit avec enthoufiafme par Hérodote,
Strabon & Diodore , mais dont on ne
peut fe faire une idée jufte que par la
gravure; Alexandre , dont tous les projets étaient romanefques , voulait encore aggrandir l'enceinte de ce monument, & multiplier le nombre des étages
de la tour ; mais il n'eut pas le tems
d'en pofer la première pierre.

Il y avait long-tems que les Prêtres
de la Chaldée , dont la fourde ambition
ne voulait point être furveillée par
Alexandre, annonçaient, pour l'éloigner
de Babylone , des préfages finiftres qui
menaçaient fa tête ; & les Hiftoriens
n'ont pas manqué de raffembler tous
leurs oracles , pour rendre plus pathétiques ces derniers momens du Maître
du monde , & terminer le grand drame

de fa vie par un coup de théâtre qui produisît à la fois la terreur & la pitié. Ce n'eft pas que le Héros fût né avec cette ame pufillanime qui s'entoure des terreurs de la fuperftition, pour tâcher de prolonger une exiftence qui lui pèfe à elle-même ; mais ne voyant prefque plus rien de grand à faire, il éprouvait un vuide qui lui annonçait le néant de fon immortalité ; dans ces inftans d'ennui, auxquels les Rois font plus fujets que les autres hommes, il fe rappellait toutes les confpirations où fes jours n'avaient tenus qu'à un fil, les malédictions des infortunés qu'il avait envoyés au fupplice ; le mot fur-tout de Calanus fur le bucher, *qu'il reverrait bientôt à Babylone le Conquérant de l'Inde*, lui donnait des idées fombres, que toutes les jouiffances de l'orgueil ne pouvaient diffiper ; il fe livra pour fe diftraire, à tous les excès de l'intempérance, & en accélérant ainfi fa mort, il parut juftifier les Oracles.

Une anecdote que Plutarque & Diodore nous ont confervée, annoncent combien la fuperftition rend petit & barbare, l'homme fuperbe qui craint de mourir. Le Monarque allait prendre le bain, il avait fait placer fa robe Afiatique & fon diadême dans un fallon voifin : tout-à-coup un prifonnier qui avait rompu fes fers, traverfe l'intérieur du Palais, fans qu'aucun garde fe mette en devoir de l'arrêter, entre dans les appartemens fecrets, s'affied tranquillement fur le trône d'Alexandre, & fe ceint de fon diadême. Le Prince qu'on inftruit de ce trait de démence, vient lui-même en demander le motif à l'inconnu, qui répond qu'il n'en fçait rien lui-même : alors on confulte les Mages, qui déclarent un pareil augure infiniment finiftre. Alexandre troublé fait faifir le Roi de théâtre, & au lieu de lui donner de l'hellébore, il l'envoye au fupplice.

Le Juge furvécut peu à fa victime.

Suivant la tradition , je ne dis pas la plus vraie, mais feulement la plus répandue, après une nuit entière paffée dans la double yvreffe du vin & de l'amour , il fe rendit à un feftin chez Medius. L'ordonnateur de la fête avait raffemblé vingt convives, le Prince but la fanté de chacun d'eux ; enfuite il fe fit apporter la coupe d'Hercule , qui tenait fix bouteilles, & il l'avala prefque d'un feul trait. La mort était au fond de cette coupe ; le Héros tomba fans connaiffance ; une fièvre ardente fuccéda à cette fyncope , & on le tranfporta fur un lit dont il ne fe releva jamais.

Les Hiftoriens qui connaiffent affez peu la marche de la nature, pour ne dònner jamais que de grandes caufes aux grands événemens , ont cru qu'un Héros tel qu'Alexandre , ne pouvait avoir fini comme le vulgaire des hommes : ils ont fubftitué du poifon au vin de la coupe d'Hercule; ce poifon, à les croire , était une eau extrêmement froide , qui coule

goutte à goutte du haut d'un rocher
d'Arcadie, & dont la nature eft fi cor-
rofive, qu'elle perce tous les vaiffeaux
où on la renferme, à moins qu'ils ne
foient faits de la corne du pied du
mulet. Ce fut Caffandre, l'aîné des fils
d'Antipater, qui apporta, à ce qu'on
ajoute, ce poifon fingulier de la Grèce,
& qui le remit à Iolas fon frère, l'échan-
fon du Prince, pour le mettre dans fa
coupe. Cette fable n'eft point heureufement imaginée. L'eau des rochers qui
forme les ftalactites n'eft point un poifon; d'ailleurs fi on avait voulu avancer,
par une voie auffi odieufe, les jours
d'Alexandre, pourquoi apporter un
poifon incertain, du fonds de l'Arcadie,
tandis qu'il croiffait tant de plantes vene-
neufes dans les plaines de la Chaldée,
plantes que graces aux mœurs dépravées
d'une ville que le luxe dévore, on
trouvait toutes préparées chez les Lo-
cuftes de Babylone ?

La mort d'Alexandre fut la fuite naturelle d'une fièvre ardente caufée par l'intempérance , & quand même la phyfique ne viendrait pas à l'appui de cette opinion , il faudrait en croire le journal de la maladie du Héros, qu'Arrien & Plutarque nous ont confervé fous le nom d'Ephémérides *(a)*. On n'y

---

(a) Voici le morceau de Plutarque , qui me femble plus dans le ftyle de la chofe que celui d'Arrien ; je le tranfcris , parce que la curiofité doit être piquée de connoître des éphémérides de Babylone.

« Le dix-huit, le Roi dormit dans fa chambre » des bains, à caufe de fa fièvre.

» Le dix-neuf, après avoir pris le bain, il joua » aux dez toute la journée avec Medius. Le foir » il fe baigna encore , fit un facrifice , foupa » légérement, & eut la nuit un nouvel accès » de fièvre.

» Le lendemain, après le bain & les facrifices » ordinaires, il fe fit raconter par Néarque » l'hiftoire de fa navigation , & des périls qu'il » avoit courus au fein de l'Océan.

» Le vingt-un fut confacré aux mêmes ob-» jets ; le foir la fièvre augmenta, & le Roi paffa » une nuit très-agitée.

voit pas le plus léger symptôme de poison, & ce qui doit à cet égard éloigner tout soupçon de crime, de la part

---

» Le vingt-deux, la fièvre redoublant de vio-
» lence, il se fit transporter près d'une grande
» pièce d'eau : là il s'entretint avec ses Géné-
» raux, sur les places vacantes parmi ses troupes,
» places qu'il ne voulait donner qu'à des Offi-
» ciers qui eussent fait leurs preuves de valeur
» & d'expérience.

» Le vingt-quatre, Alexandre fut plus mal,
» ce qui ne l'empêcha pas d'offrir les sacrifices
» ordinaires.

» Le lendemain, sa garde eut ordre de faire
» son service dans la Cour & le long des murs
» extérieurs du Palais.

» Le vingt-cinq, il se fit porter dans le petit
» édifice qui est au-delà de la pièce d'eau & y
» dormit un peu. Cependant la fièvre faisant
» toujours de grands progrès, les Généraux
» sur le soir vinrent près du lit où il reposait,
» mais déjà il ne parlait plus.

» Le jour suivant ne différa point de la veille,
» de sorte que les Macédoniens inquiets &
» craignant que leur Roi ne fût mort, vinrent
» assiéger les portes du Palais, & forcèrent la
» garde de leur ouvrir. Ce même jour, Python

des fils d'Antipater , c'eſt que malgré le ſoleil brûlant de la Chaldée , le corps du Héros étant reſté expoſé pendant pluſieurs jours, ne donna preſqu'aucune marque de putréfaction ; il eſt inutile après ces détails, de s'amuſer à réfuter la calomnie qui a attribué la mort prématurée du Héros, au crime de ſon inſtituteur Ariſtote.

On prétend qu'Alexandre voyant qu'on déſeſpérait de ſa vie , voulut ſe précipiter dans l'Euphrate , afin que ſon corps ne laiſſant plus de traces , la terre ſe perſuadât que le fils des Dieux était retourné vers le lieu de ſon origine ; mais Roxane, une de ſes épouſes , em-

---

» & Seleucus furent envoyés au temple de » Serapis pour demander au Dieu s'ils porte- » roient le Héros mourant dans ſon ſanctuaire. » Sérapis, répondit qu'il fallait le laiſſer où il » était.

» Le ſurlendemain, ſur le ſoir , on apporta la » nouvelle de la mort d'Alexandre ». Voyez *Plutarch.* in Alexandr.

pêcha l'effet de ce dernier fonge de fon orgueil.

Cependant les Macédoniens alarmés fur l'état de leur Souverain, engagèrent la garde à leur ouvrir les portes du Palais; ils fe répandirent en foule dans les appartemens, & arrivés près du lit de.mort, ils confidérèrent dans un morne filence ce fléau de l'Afie, à qui de tant de palmes triomphales, il n'allait plus refter qu'un cyprès, pour ombrager fa tombe. Le Héros fenfible à l'intérêt tendre qu'ils prenaient pour fa vie, fit un effort, & fe foutenant fur le coude, malgré fa prodigieufe faibleffe, leur donna à tous fa main mourante à baifer, enfuite il retomba fans connaiffance.

Lorfqu'il eut repris un peu fes efprits, les Généraux s'approchèrent, & l'un d'eux lui demandant à qui il laiffait l'Empire qu'il venait de fonder: *au plus digne*, répondit·il : une tradition Grecque prétend qu'il ajouta : *je prévois que des guerres fanglantes feront les jeux funèbres qui honoreront ma mémoire.* Quand la voix commença à lui manquer, il donna son anneau à Perdiccas, & peu après il rendit le dernier foupir. Il avait vécu trente-deux ans & en avait régné douze : fa mort tombe à l'an 1258 de l'Ere de Paros, qui concourt avec la première année de la cent quatorzième Olympiade.

Quand on veut raffembler tous les traits épars dans la vie d'Alexandre, & le juger d'après lui-même, & non pas d'après les portraits infidèles qu'en ont fait les Hiftoriens, on eft furpris de l'étrange compofé qui en réfulte ; affemblage fingulier de vices aviliffans & de grandes vertus, tour-à-tour généreux & lâche dans fes vengeances, protégeant les mœurs par fes loix & les dégradant par fon exemple ; Roi jufte pour les hommes qui le flattaient dans fes caprices, & Tyran féroce pour ceux qui bleffaient fon orgueil, il femble avoir mérité à la fois & la renommée que lui a faite l'enthouſiaſme, & celle qu'il doit à la malignité.

Peut-être qu'en approchant le flambeau philoſophique du cœur d'Alexandre, toutes ces contradiĉtions apparentes diſparaîtraient; on verrait le peu d'intervalle qui ſépare l'homme vulgaire du grand homme, & la nature ſerait juſtifiée.

Alexandre était né avec le germe de ces vertus douces & tranquilles qui font chérir l'homme, ſoit ſur le trône, ſoit dans la pouſſière. Il aimait ſa mère comme on aime dans l'âge d'or. Cette Princeſſe, toute altière, toute exigeante qu'elle était, fut long-tems dépoſitaire de ſes ſecrets, & confidente de ſes penſées. Un jour qu'Antipater ſe plaignait, dans une lettre très-raiſonnée, des obſtacles que mettait Olympias au bien qu'il méditait, dans ſa Vice-royauté de Macédoine : *l'inſenſé*, dit Alexandre, *il ignore qu'une larme d'une mère efface mille lettres comme celle d'Antipater !*

Ce Prince aimait ſes amis, comme s'il n'avait point été leur Roi : il ne ſe diſtinguait pas d'eux dans le commerce ordinaire de la vie ; auſſi nous avons vu Siſygambis prendre Epheſtion pour Alexandre, & celui-ci, loin d'en être bleſſé, répondre à la Princeſſe par ce mot admirable : *non, vous ne vous méprenez pas, mon ami eſt un autre moi-même.* Le trait de confiance en Philippe ſon Médecin, lorſqu'il but devant lui le breuvage qu'on lui avait annoncé comme un poiſon, eſt plus ſublime encore ; car à cette époque ce Prince ne s'était pas encore bercé de la chimère orgueilleuſe qu'il était immortel.

J'aime à m'arrêter ſur cette époque heureuſe, où l'encens du monde qu'il avait conquis ne l'avait pas encore enivré ; c'eſt alors qu'il avait le courage de badiner ſur ſa propre apothéoſe ; *Mes flatteurs ont beau faire,* diſait-il, *je me ſens homme, à deux tributs que je paye à la nature, au ſommeil & à l'amour.*

Sa générosité envers tout ce qui l'approchait était digne de sa grande ame ; juste appréciateur de l'or, il ne l'amassait que pour le répandre : on a beaucoup parlé de sa bienfaisance envers ses Généraux & ses Soldats; mais comme il devait les encourager ou reconnaître leurs services, la politique pouvait y avoir quelque part : j'aime beaucoup mieux l'anecdote suivante, parce que son cœur noble s'y peint dans toute sa franchise. Un pauvre Macédonien conduisait devant lui un mulet chargé d'or, & la bête de somme était si lasse qu'elle pliait sous le fardeau ; l'homme du peuple, qui avait plus de zèle que de forces, pour soulager le mulet, prit la moitié de la charge, & marcha ainsi quelque tems, n'ayant que les regards de son Roi pour l'encourager. A la fin, à demimort lui-même de fatigue, il était prêt de succomber, quand Alexandre s'approchant de lui : *mon ami*, lui dit-il, *tâche d'achever ta course & d'arriver dans sa maison, car toute cette charge est pour toi.*

Alors Alexandre se souvenait qu'il vivait avec des Grecs, & il ne s'offensait pas des traits républicains que le patriotisme leur inspirait. Un jour que quelques-uns d'entre eux oubliant ses bienfaits, se répandaient en murmures, sur les campagnes pénibles qu'il leur faisait faire : *Je trouve,* dit-il, *qu'il est très royal d'entendre dire paisiblement du mal de soi, quand on fait le bien.*

Il est triste qu'un sage tel que Socrate, n'ait pas dirigé, pour le bonheur de la terre, ces vertus naissantes qui ne demandaient qu'à être utiles ; malheureusement, Philippe de Macédoine qui ne sçavait que vaincre les hommes ou les tromper, donna à son fils l'éducation militaire des Thésée & des Achille. Les premiers livres qu'on lui fit lire furent ces Poèmes pleins de génie, dont les Héros vivent & meurent sur les champs de bataille ; cette imagination neuve

encore, & qui ne pouvait fe repofer
que fur les jouiffances brillantes de la
gloire, prit alors fon fantôme pour elle-
même, & avec une éducation toute
guerrière, Alexandre devint un Cyrus,
comme avec une éducation philofophique il ferait devenu un Marc-Aurèle.

Du moment que l'imagination bouil-
lante du Héros de la Macédoine eut
découvert cet aliment dangereux de la
gloire des conquêtes, ce fut un volcan
terrible qui dirigea de ce côté toutes fes
éruptions. Il ne règna plus, il ne refpira
plus que pour fatisfaire fa démence hé-
roïque : fon plan était d'entaffer Royaumes fur Royaumes, jufqu'à ce que le
globe connu fût en fon pouvoir ; &
lorfqu'après l'expédition de l'Inde, ne
trouvant plus que l'Océan pour barrières, il apprit que la phyfique nouvelle avait découvert dans les plaines
du Ciel une infinité de mondes habités
par des êtres intelligens, il pleura de
défefpoir de ce que la nature les avait

faits inacceffibles à fon épée. Ces pleurs terribles annonçaient à l'Europe entière fon efclavage, fi le Conquérant n'avait pas rencontré la coupe d'Hercule dans Babylone.

Au refte la valeur d'Alexandre avait toute la franchife des tems héroïques ; il ne cherchait point à éluder les dangers ; plus ils étaient grands, plus il les trouvait dignes de fon courage : quelques jours avant la bataille d'Arbelles, Parmenion lui ayant propofé d'attaquer, dans l'ombre de la nuit, les Perfes, qu'une éclipfe de lune venait d'intimider, il lui répondit par ce mot fi célèbre: *non, mon ami, je ne fçais point dérober la victoire.*

C'eft d'après ces principes, qu'il avait puifé dans l'Iliade, fans doute, que ce rival d'Achille s'expofait dans la mêlée comme le dernier de fes foldats, recevait les bleffures les plus dangereufes & s'en glorifiait ; efpèces d'exploits qui ne le font que pour l'inexpérience ; jamais les grands Capitaines ne fe font ainfi

joué d'une vie dont dépendait la destinée
de leurs soldats. Annibal, dans le cours
de ses longues guerres, ne fut blessé
qu'une fois ; César ne le fut jamais :
Gustave-Adolphe & Turenne, ne l'ont
été dans nos tems modernes qu'à la bataille où ils ont été tués.

C'est en s'apprivoisant ainsi, soit avec
son sang qu'il voyait répandre, soit avec
celui des ennemis qu'il faisait couler,
que le conquérant contracta insensible-
ment cette férocité, qui a tant servi à
éclipser sa gloire ; ici un autre Alexandre
semble s'offrir à nos pinceaux ; mais si
on suit avec quelqu'attention la chaîne
de nos idées, on verra que le Héros
guerrier a pu être le germe de l'homme
de sang, dont la philosophie a flétri la
mémoire.

Alexandre avait un plan très-vaste de
conquêtes, dont l'exécution demandait plusieurs siècles, & il n'avait que
la vie d'un homme pour le remplir. Ce
n'était donc que par la rapidité de ses

exploits qu'il pouvait aggrandir , pour'
ainfi dire , fon exiftence guerrière ; auffi
devenait-il furieux, quand on lui oppo-
fait une longue & courageufe réfiftance ;
voilà le principe de la froide barbarie
avec laquelle il traîna , autour de Gaza ,
le corps de fon intrépide Gouverneur ;
voilà pourquoi il fit conduire au gibet
deux mille prifonniers , faits dans le dé-
faftre de Tyr , & qu'il fe vengea du tems
que lui avait fait perdre le fiége de la
Roche d'Oxus , en laiffant expirer fur
des croix l'élite de la Nobleffe de la
Sogdiane.

Cette atrocité qu'Alexandre ajouta
fi fouvent aux horreurs naturelles de
ce qu'il appellait le droit de la guerre ,
fit dégénérer la plupart de fes expéditions en de vrais brigandages. Un Pirate
lui dit à ce fujet un mot plein d'énergie
& de vérité. Le Monarque fuperbe lui
demandait de quel droit il infeftait les
mers de Péloponèfe ; *du droit que tu*
t'arroges d'infefter l'Univers : mais parce que

je le fais avec un frêle Navire , on m'appelle un Brigand, & toi parce que tu as une flotte formidable à tes ordres , on te nomme un Héros. Le Héros ne fut point corrigé par la leçon du Pirate.

Tout homme de fang qu'était Alexandre , la terre fe taifait devant lui , & fon ambition était remplie. Il fut tenté alors de prendre le filence de la terreur pour celui de l'admiration ; & , fuivant la logique de l'orgueil , il fe crut fondé à faire fa propre apothéofe.

Les mœurs d'Alexandre , à cette époque , étaient déja parvenues au dernier période de dégradation. Tout ce qui l'environnait était vil , ou fur le point de le devenir. Un Eunuque de Perfe maîtrifait le vainqueur de la Perfe. Le Poëte Cherile, le Sophifte Anaxarque , à force d'en faire un Dieu , étaient parvenus à paffer dans fon efprit pour des hommes de génie. Quand un defpote , déjà corrompu par fa vanité , l'eft encore par l'adulation , le fage n'a plus d'efpérance de le ramener; il faut qu'il se couvre lui-même d'opprobre, ou qu'il devienne sa victime.

Il en coûta cher à Callisthène, pour avoir voulu conserver la décence philosophique, au milieu d'une cour où le Maître étoit un Dieu, & où les esclaves invoquaient le génie d'un Chérile ou d'un Anaxarque.

Quelque-tems auparavant, Philotas & Parmenion, qui n'étaient pas des sages, mais qui avaient quelque chose de cette franchise républicaine, faite pour en imposer aux Rois qui veulent abuser de leur pouvoir, avaient payé de leur tête leurs murmures contre la tyrannie naissante. Le fils, sortant de la table de son Souverain, avait été traîné, par ses ordres, au supplice; le père, dont on craignait la vengeance, avait été assassiné.

Je ne parle pas du meurtre de Clitus, puisque la postérité en a cru la honte effacée par les remords d'Alexandre. Ce-

pendant ne ferait-t-on pas tenté de prendre ces remords mêmes pour une comédie jouée par la politique, quand on voit
l'yvreffe, caufe du crime, lui furvivre,
quand l'affaffin de fon ami ne fe confole,
que lorfqu'un fophifme abominable a
tenté de rendre fon affaffinat légitime ?

Je ne connais point de Roi plus odieux
que cet Alexandre, du moment qu'il a
abdiqué la nature humaine, pour fe faire
fils de Jupiter ; l'orgie perpétuelle de
fa marche triomphale dans la Perfe,
fes combats d'ivreffe, fes amours infâ-
mes pour l'Eunuque Bagoas, tout le
ravale au dernier rang des Princes,
dont la mémoire eft dévouée à l'opprobre. A peine quelques traits de fon ancienne grandeur d'ame lui échappent,
de tems en tems, pour juftifier l'hommage des fiècles, & empêcher qu'on ne
le regarde comme un grand démenti
donné à la morale des hommes.

Enfin la coupe d'Hercule venge la
terre opprimée, & Alexandre qui n'avait

pu trouver une mort glorieufe, fur un champ de bataille, la rencontre à la fuite de débauches aviliffantes, dont n'avaient pu le corriger le meurtre de Clitus & la fin malheureufe d'Epheftion.

Si on rapprochait, fous le même point de vue, l'Alexandre des critiques & l'Alexandre des enthoufiaftes, il en réfulterait que ce Prince fi admiré & fi haï était né pour n'exciter que l'admiration, & que l'éducation perverfe qu'il reçut dans une Cour guerrière, le defpotifme & l'adulation en firent un objet de haine, foit pour les Peuples qu'il vainquit, foit pour ceux qui furent les inftrumens de fes victoires, & fi malgré les torrens de fang qu'il a fait répandre, malgré la perverfité de fes mœurs & l'orgueil facrilège de fon apothéofe, il a confervé fa célébrité, il faut l'attribuer au génie avec lequel il fit le bien & fouvent même le mal, à l'étendue de la Monarchie qu'il fonda, & fur-tout au mouvement nouveau qu'il imprima au monde , en reculant les bornes de l'efprit humain dans ce fiècle de lumières & de goût qui a été le germe de ceux d'Augufte & de Louis XIV.

DU SIECLE
D'ALEXANDRE.

ALEXANDRE en protégeant les Arts, en étendant la fphère de l'efprit humain, répara, jufqu'à un certain point, le crime de fes conquêtes ; comme de ce côté la gloire du Héros eft pure, mettons-la dans tout fon jour, & juftifions, s'il. eft poffible, aux yeux du Sage, fon immortalité.

Le fiècle d'Alexandre tient encore plus à la gloire de la Grèce : c'eft par lui que la décadence de fes Républiques a été revivifiée ; c'eft par le goût qui refpire dans fes monumens, par le génie de fes Poëtes & la raifon profonde de fes Philofophes, que des efclaves fans patrie ont mérité d'être les inftituteurs des hommes.

Ce fiècle, le plus beau peut-être dont

l'esprit humain s'honore, en embrafferait fix , s'il fallait remonter jufqu'à l'époque où fleurirent Homere & Héfiode ; mais quand on le réduit dans les limites de l'opinion vulgaire , il commence vers la naiffance de Periclès , & va s'éteindre fous les premiers fucceffeurs d'Alexandre ; cet intervalle qui comprend tous les tems qui fe font écoulés , depuis la foixante & douzième jufqu'à la cent quinzieme Olympiade , eft d'environ cent quatre-vingt ans ; il eft à-peu-près le même que la chronologie compte entre les tems de Lucrèce & de Tacite, ce qui forme le fiècle d'Augufte ; & entre Malherbe & le Préfident de Montefquieu , ce qui compofe le fiècle de Louis XIV.

Le fiècle d'Alexandre ne fut pas le premier fans doute qui fecoua l'efprit humain ; il y avait eu long-tems auparavant, dans Babylone, un foyer de lumières qui s'était annoncé par les beaux monumens de Peinture , de Sculpture

& d'Architecture , qui avaient décoré la Capitale des Ninus & des Sémiramis. Un grand nombre de siècles avant cette époque , la philosophie indique encore un âge lumineux de génie & de raison, dont les rayons dispersés en Asie & en Europe éclairèrent dans la suite lés Brames de Benarès, produisirent l'Académie de Balk , & préparèrent les beaux monumens de l'antique Babylone.

Il faut pour sçavoir , soit ce que le siècle d'Alexandre doit à la Babylone de Sémiramis & à celle des Atlantes, soit ce que nous lui devons, analyser pour ainsi dire le génie Grec, & le suivre depuis son germe jusqu'à son développement. Ce travail , dans une histoire (qui n'est point un traité philosophique) se réduit peut-être à classer avec méthode les connaissances humaines, & à faire pressentir, par un tableau raisonné de l'art, la chaîne des idées de l'Artiste, & la marche de son intelligence.

L'homme d'un siècle de lumières qui perfectionne peu à peu sa raison, ne doit pas être considéré sous le même point de vue, que l'homme sauvage qui se civilise. Ce dernier borné long-tems au soin de vivre & de se propager, a plutôt une existence animale qu'une existence intellectuelle; comme il est isolé dans la petite société que le besoin lui forme, il ne peut avoir ce génie qui naît du choc des idées; il n'éprouve ni l'ennui qui donne du ressort à l'ame, ni les passions fortes qui impriment sur ce qu'il fait le sceau de l'immortalité.

Mais l'homme déjà civilisé, qui connait toutes les avenues du monde social, marche à pas de géant, quand il prépare un siècle de lumières, & son essor est d'autant plus rapide, qu'il est placé sous un Ciel qui favorise plus le développement de ses facultés intellectuelles; or la nature & les Législateurs avaient tout fait pour exalter l'imagination des Grecs contemporains d'Homère

& d'Héfiode ; la terre qu'ils cultivaient
s'ouvrait d'elle-même aux rayons générateurs du foleil ; ils parlaient la langue
la plus harmonieufe qui ait jamais exifté:
ils avaient fubftitué à d'obfcurs hyéro-
gliphes les fignes les plus faits pour
fixer la penfée fugitive ; leurs Souverains leur avaient donné une Religion
pacifique & un Gouvernement qui ref-
pectait les propriétés. A efforts égaux,
il eft évident que les Artiftes de la
Grèce devaient aller plus loin que ceux
de Babylone, de Rome, & de toutes les
Capitales du monde moderne.

La marche de l'efprit humain dans la
Grèce eft aifée à fixer. D'abord les Arts
groffiers furent imaginés par le befoin,
le goût vint enfuite les perfectionner,
& enfin la raifon fe chargea de les ana-
lyfer & de leur affigner un rang dans
l'échelle de nos connaiffances.

Il n'y a que les productions du goût
& de la raifon qui conftituent un âge
de lumières : ainfi elles feules ferviront

de bafe à notre hiftoire du fiècle d'Alexandre.

Comme la nature de cet Ouvrage ne
comporte qu'une hiftoire raifonnée des
gens de goût & des Philofophes ; pour
ne point fe perdre dans ce cahos de faits,
il eft important d'établir d'abord le fil
qui les lie entre eux : alors l'hiftoire
des hommes tiendra en quelque chofe
à l'hiftoire de l'efprit humain.

Voici l'arbre généalogique des Arts
qui dépendent du goût, tel qu'on peut
le donner dans une hiftoire de la Grèce,
& tel peut-être qu'on aurait dû le trouver dans nos Encyclopédies.

Tous les Arts qui tiennent à l'imagination cultivée, c'eft-à-dire au goût,
ne font philofophiquement parlant que
la nature peinte & animée. A ce titre il
faut placer la Peinture par excellence,
à la tête des connaiffances humaines.

Il y a un fait qui démontre cette anté-
riorité de la Peinture, fur les autres Arts
qui ont pour bafe l'imitation de la

nature : c'eſt que dès que l'homme ſçut écrire il ſçut peindre : en effet , la première écriture fut hyéroglyphique , & qu'eſt - ce qu'un hyéroglyphe , ſi ce n'eſt un tableau ?

Le Peintre avant d'animer la nature par la magie de ſes couleurs, a dû ſe borner pendant pluſieurs ſiècles au deſſin. C'eſt dans ce période qu'on peut placer l'origine de la Sculpture & de l'Architecture, arts nés du deſſin, avant que la Peinture parvînt à ſon adoleſcence.

Le Sculpteur ſe contenta d'abord de pétrir groſſièrement une maſſe d'argile , enſuite il façonna la pierre, il anima le marbre, & il finit par faire reſpirer en bronze ces Dom Quichottes des Etats à demi civiliſés qu'on a appellés des demi-Dieux, & ce qui vaut encore mieux, les Sages, les Bienfaiteurs des hommes, & les Fondateurs des Républiques.

L'Architecture, le dernier des arts, dépendans du deſſin, ſe conſidère dans un arbre généalogique de nos connaiſfances, comme divifée en trois grands rameaux, qui forment l'Architecture civile, l'Architecture militaire & l'Architecture navale.

On fent que l'Architecture civile ou l'art de fe loger, étant fondée fur un befoin impérieux de la nature, a dû être antérieure à la formation des grandes fociétés ; mais que pouvait être un Architecte dans l'âge d'or ? le conftructeur d'une hutte quarrée ou circulaire, formée de joncs & revêtue de feuillages. C'eft cependant dans cette hutte fauvage qu'eft né l'art fublime des Vitruve & des Palladio ; c'eft à fa ftructure groffière qu'on doit les jardins fufpendus de Babylone, le temple d'Ephèfe, les Propylées, le Palais d'or de Néron, & cette foule de chefs - d'œuvres de l'induftrie humaine, qu'on preffent encore au milieu des ruines de Baalbeck, de Palmyre, de Rome & d'Athènes.

L'Architecture civile n'eft de notre reffort, que du moment où l'art eft

parvenu à fa maturité : quant à l'Architecture militaire ou l'art de fortifier les
Places , & à l'Architecture navale ou
l'art de conftruire des vaiffeaux , elles
tiennent moins à l'imagination qu'à cette
grande branche de l'adminiftration des
Etats qu'on appelle l'économie politique.
Au refte toute la théorie de la dernière
a été développée dans l'hiftoire des Phéniciens & dans celle des expéditions
des navigateurs du Péloponèfe. Pour la
tactique militaire , elle a été épuifée dans
l'hiftoire des fièges de Tyr , de Rhodes
& de Syracufe.

Les arts d'agrément ne font féparés
que par des nuances légères , parce que,
comme je l'ai dit , ils ont tous l'imitation
de la nature pour bafe. Or la main légère
de l'Artifte n'a pu s'exercer à deffiner un
oifeau , que fon gofier n'ait tenté auparavant de répéter fon ramage. Cette partie
de la Mufique qu'on appelle la mélodie ,
remonte prefqu'auffi haut que l'ufage de
la parole : il n'en eft pas de même de

l'art de combiner les fons, qu'on appelle harmonie, c'eft le fruit d'une métaphy-fique profonde fondée fur les expé-riences délicates d'une oreille fine & exercée. Il eft évident que les annales de la Mufique Grecque ne commencent pour l'Hiftorien du fiècle d'Alexandre, que lorfque le goût de l'artifte a fait concourir une fuite non interrompue d'accords aux plaifirs de l'ame & de l'oreille ; encore ces annales doivent être infiniment rapides, parce que la théorie qui nous en refte confifte en des dialogues inexplicables, & fon hiftoire en quelques merveilles que l'imagina-tion orientale a attribuées à la lyre des Orphée, des Terpandre & des Arion.

Nous avons vu comment l'homme en façonnant fa main à l'imitation des objets fenfibles, eft devenu Peintre, Sculpteur & Architecte : il n'a eu befoin, par le même principe, que de plier fa voix à des modulations imitatrices, pour se rendre d'abord Musicien, ensuite Poëte & Orateur.

La voix, ou si l'on veut, les langues qui en résultent, ont une certaine mesure, indépendante de la modulation musicale. Ce rithme plié à des règles, dans un idiome accentué, engendre la Poësie : on supplée par la rime à l'absence du rithme, ou du moins à son peu de valeur, dans un idiome barbare.

La Poësie dans toutes les langues est ou lyrique, ou narrative, ou dramatique.

La Poësie lyrique originairement faisait valoir la Musique, qui lui prêtait des graces à son tour ; les Terpandre & les Timothée chantaient leurs odes ; au siècle d'Horace on ne faisait plus que les déclamer : aujourd'hui on ne les chante ni ne les déclame, on les lit froidement, & voilà peut-être pourquoi l'homme de génie n'en fait plus.

La Poësie narrative renferme la fable, l'épigramme, dont les Grecs ont donné quelques modèles , & particulièrement l'Epopée , qui depuis Homère , & sur-tout à caufe de lui , a été regardée par tous les Peuples, dans tous les âges , comme le chef-d'œuvre de l'efprit humain.

La Poëfie devient dramatique dans la Tragédie , dans la Comédie & dans l'Eglogue. Les gens de goût penfent qu'Efchyle , Sophocle & Euripide ont créé la Tragédie pour leurs contempo-rains & pour tous les âges ; ils font le même honneur à Théocrite pour le petit genre de l'Eglogue ; quant à la Comédie, fi Ariftophane en tient le fceptre , il ne le doit qu'à l'ignorance ou à la méchan-ceté.

Si , d'un rythme particulier , affujetti à des règles invariables, dérive la Poëfie, on peut ajouter que de ce même rythme affujetti à des principes plus arbitraires , & que le génie varie à fon gré , réfulte l'éloquence.

L'éloquence fur-tout dans les Répu-

bliques, où la liberté de penfer eft une
des propriétés de l'homme les plus ina-
liénables, l'éloquence, dis-je , a befoin
d'une imagination forte pour opérer fes
merveilles, ce qui fert à confirmer la
jufteffe de la filiation que j'établis entre
toutes ces premières connaiffances humaines qui dérivent de l'art de peindre
la nature. Il eft certain qu'on ne peut
imaginer fortement fans peindre de
même. L'Orateur tyrannife pour ainfi
dire l'organe de l'homme qui l'écoute ,
& quand on a fubjugué la machine on
a bientôt fubjugué l'entendement.

Il n'y avait dans la Grèce d'autre
éloquence , que celle de l'homme d'Etat
qui s'exerçait au Sénat, dans la Tribune
aux harangues, où fur les champs de
bataille; ce n'eft que dans nos tems
modernes , ou, au défaut de cette éloquence mâle & fière, on a créé l'éloquence de la Chaire & celle des Aca-
demies.

Tel eft le tableau des arts ou l'imagination s'exerce , & qui, cultivés par les Grecs avec un succès étonnant, à l'époque dont l'Histoire nous occupe , leur ont mérité le titre d'instituteurs des hommes.

La raison qui assigne un rang à tous ces Arts, dans la serie des connaissances humaines , vint se placer elle - même à une des extrémités de l'échelle ; mais quoi qu'en ait pensé l'enthousiasme de deux siècles d'ignorance, il est certain que ses progrès chez les Grecs ne suivirent pas ceux du goût. La métaphysique dans Athènes ne se berça que de chimères brillantes ; la logique à force de se raffiner ne fit naître que des sophismes ; pour la physique, à peine sortit-elle de son berceau. Toutes ces ramifications du grand arbre de la raison ne méritent pas d'être envisagées à part dans une histoire de la Grèce, & les hommes célèbres qui les ont cultivées n'y paroîtront que sous le titre général de Philosophes.

Après avoir embraſſé d'une vue générale tout l'enſemble du tableau, deſ-
cendons aux détails, & tâchons d'apprécier par les faits , encore plus que
par les raiſonnements , le beau ſiècle
d'Alexandre.

HISTOIRE DE LA PEINTURE

EN GRECE.

Nous sommes obligés de traiter ce sujet avec quelqu'étendue , soit parce que nos recherches sur la Peinture sont liées essentiellement avec celles qui regardent la Sculpture & tous les arts émanés du deffin, soit parce que les monumens de la Peinture Grecque s'étant perdus , il faut que la théorie entière de ce bel art se retrouve du moins dans l'histoire.

Les Sçavans qui ne sont que sçavans, ont long-tems disputé entre eux, pour sçavoir si la Peinture était antérieure au siège de Troye ; l'homme de goût pouvait leur dire qu'ils ne s'entendaient pas, & il aurait terminé la dispute, si une dispute entre des Sçavans pouvait être terminée.

S'agit-il de cette Peinture linéaire qui ne confifte qu'à rendre avec un trait les contours de l'objet qu'on imite , il eft probable qu'elle eft auffi ancienne que le monde ; les enfans n'ont befoin d'aucune leçon pour deffiner d'une manière auffi imparfaite les objets qui les frappent ; les Sauvages qui à tant d'égards font de vieux enfans, ont de tout tems employé la pointe de leurs flêches à tracer fur le fable l'image fugitive de leurs maîtreffes ; on a même trouvé des Caraïbes qui fçavaient la graver fur l'écorce naiffante de leurs palmiers , afin, comme le dit Virgile, que ces arbres ne cruffent qu'avec les monumens de leurs amours.

Cette obfervation rend plus que fuf-pecte la fameufe hiftoire de la fille de Dibutade. Les Grecs ont dit qu'elle donna naiffance à la Peinture , en crayonnant, à la lueur d'une lampe, l'ombre que traçait fur un mur le vifage de fon amant. Ces Grecs étaient bien hardis, de ſuppoſer qu'ils avaient tout créé , eux dont la patrie ſortait à peine du ſein des eaux , lorſque les Phéniciens avaient exécuté des navigations hardies autour du monde , lorſque la Chine avait commencé les ſuperbes canaux qui la partagent , lorſque les Rois de l'Aſſyrie jettaient les fondemens de Babylone.

En général les commencemens de la Peinture en Grèce , ſont auſſi obſcurs que ceux de ſa civiliſation. Il ne faut pas plus rechercher quels furent les premiers tableaux de leurs artiſtes , qu'il ne faut expliquer comment Orphée ſe fit écouter des arbres , & comment Thèbes s'éleva au ſon de la lyre d'Amphion.

Il en eſt de la Peinture comme de tous les arts qui tiennent à l'imagination ; on commence par être dur , on devient enſuite ſçavant , le goût ſuccède , & le raffinement du goût amène la décadence.

Il ne nous reſte aucune peinture du ſiècle d'Alexandre : le tems impitoyable en a détruit juſqu'aux plus foibles veſtiges ; mais l'hiſtoire nous a tranſmis l'enthouſiaſme qu'excita chez ce Peuple ſenſible la vue des chef-d'œuvres des Appelle, des Timanthe & des Protogène, & cet enthouſiaſme eſt aſſez juſtifié par les antiques admirables que l'Italie poſsède, tels que l'Antinoüs, l'Apollon, la Venus de Médicis, modèles éternels du vrai beau, & ſans leſquels nous n'aurions peut-être jamais eu ni le grand Raphaël, ni le Corrège.

Et comment la Grèce n'aurait-elle pas été le ſanctuaire des arts du deſſin, puiſque ſon ciel, ſes mœurs & ſes loix, tout concourait à les encourager ? on naiſſait à Athènes Peintre, Sculpteur, Poëte & Muſicien, comme les hommes naiſſent petits vers les poles, & noirs ſous l'équateur.

L'air pur que les Grecs reſpiraient, le régime de Pythagore, que la plupart avaient adopté , les exercices même de la gymnaſtique , en donnant à leurs organes tout leur développement , leur procurait cette ſenſibilité vive qui ſeule apprécie les grands Artiſtes & les fait naître ; c'eſt cette étonnante ſenſibilité qui explique comment la lyre de Timothée produiſait des Héros , comment les Eumenides d'Eſchyle faiſaient avorter les femmes , & peut-être comment une ſtatue put inſpirer de l'amour à Pygmalion.

Ajoutons à tous ces avantages , que les maladies qui éteignent ailleurs la beauté , étaient inconnues dans ces climats ſi chers à la nature ; la petite vérole , la lèpre , le rachitis n'y dégradaient aucun individu , & preſque tous les jeunes gens des deux ſexes pouvaient ſervir de modèles aux Timanthe & aux Phidias.

Les Gymnaſes & les Jeux publics ſervaient d'Académies aux Peintres & aux Sculpteurs , quand ils voulaient deſ-

finer dans les hommes les beautés mâles
de l'âge viril & les graces délicates de
l'adolefcence. « Quelquefois, dit à ce
» fujet l'ingénieux Winckelman , les
» contours d'un corps vigoureux &
» bien conformé fe traçaient dans l'em-
» preinte que de jeunes lutteurs laiffaient
» fur le fable de l'arène , & on imagine
» aifément que ces beaux corps parfai-
» tement nuds fe montraient fous une
» multitude de fituations & de points
» de vue dont la nobleffe , la vérité
» & l'expreffion ne peuvent fe rencon-
» trer dans les attitudes contraintes de
» ces modèles mercenaires , qui dans
» nos atteliers vendent aux Peintres &
» aux Sculpteurs leur ignoble nu-
» dité (*a*) ».

Les grands fpectacles de la Grèce ne
fervirent long-tems à former le goût

(*a*) Seconde lettre de Winckelman *fur l'imitation des Artiftes Grecs*, traduite de l'Italien,
dans le *Journal étranger*, année 1760.

des artiftes, que dans le genre noble &
gracieux ; mais dans la fuite le Roi de
Syrie , Antiochus Epiphanes , y intro-
duifit les combats des Gladiateurs , &
alors les Xeuxis & les Praxitèle purent
épuifer le pathétique dans l'imitation
de la nature , alors la Tragédie pittorefque s'aggrandit, & on eut l'idée du
grouppe fublime de Laocoon.

La nature avait donc tout fait pour
les Artiftes de la Grèce ; ils ne pouvaient fortir de l'enceinte de leurs
maifons, lire leurs Poëtes , parcourir
leurs monumens , fans rencontrer à
chaque inftant le modéle de la grace
& le type de la beauté.

Les inftitutions Grecques fe réunirent
à la nature pour faire des Artiftes ; on
connaît la loi d'Athènes qui défendait
aux Efclaves d'exercer la Peinture , loi
qui en relevant la dignité de l'art , apprenait à l'Artifte avec quelle nobleffe
il devait l'exercer.

Les grands talens dans la Grèce fai-

faient prétendre à tout ; un Peintre fupérieur pouvait donner des loix à fa
patrie ; un Sculpteur, homme de génie,
pouvait commander des armées ; on
prodiguait les ftatues au citoyen qui
faifait la moindre découverte dans les
arts (*a*), & le fimple portrait de Théfée
par Parhafius valut à l'auteur fon apothéofe (*b*).

Ce qui mit le comble à la faveur des
Artiftes, fut le foin des Gouvernemens
de les employer à de grands ouvrages :
il y avait toujours, de nouvelles ftatues
à ériger, de nouveaux édifices à décorer
aux dépens du Public ; les Temples fur-
tout étaient remplis des chefs-d'œuvres
de l'art, & il y en avait qui au rapport

(*a*) On éleva dans l'Ifle de Naxos une ftatue
à un ouvrier qui avoit découvert le fecret de
travailler le marbre en forme de tuiles, pour
couvrir les édifices. Paufanias, *Voyage de la
Grèce*, liv. 5.

(*b*) Plutarch. *in Théf.*

de Strabon étaient des galeries de Peinture (*a*).

Ajoutons que du tems de Phidias on
avait établi à Delphes & à Corynthe
des concours de Peinture, avec des
juges pour apprécier les tableaux &
adjuger les prix aux vainqueurs: on
fçait l'hiftoire de ce portrait couronné
qui convertit une célèbre courtifanne ;
il repréfentait un Philofophe pratique ;
la Ninon grecque, à table avec fes
amans, jetta par hazard les yeux fur
ce tableau, rougit & ceffa d'être courtifanne.

La Peinture trouva dans la Grêce tant
d'encouragement au fiècle d'Alexandre,
qu'il s'y forma deux écoles fameufes,
l'Attique & l'Ionique ; dans la fuite Eu-
pompe y ajouta celle de Sicyone , &
cette dernière ville mérita fans doute
d'être en ce genre la rivale d'Athènes,
puifque Polemon fit un gros livre qui

____

(*a*) Geogr. lib. 14.

n'était que le catalogue de ses tableaux (*a*).

Il n'y avait pas jusqu'à la mythologie Grecque, qui ne fournit aux Peintres une source intarissable de sujets propres à rechauffer leur génie, & quelque favorable que fût l'histoire des amours des Dieux à la licence des Artistes, il ne paraît pas qu'ils en abusassent, pour corrompre les mœurs publiques ; aussi Platon, l'ennemi des Poëtes, conserva les Peintres dans sa République.

La forme que les Artistes de la Grèce donnèrent aux images de leurs Divinités, prouvent qu'ils sçavaient allier le beau physique avec le beau idéal: ils représentaient les Déesses toujours vierges, afin de conserver à leur sein toute sa perfection ; pour leur légéreté, ils semblent en avoir pris l'idée dans Homère, qui la compare à la pensée ; c'est ainsi qu'ont été imaginés l'Apollon

______

(*b*) Athenée, *Deipnosoph.* lib. XIII.

du Belvedère , la Venus de Médicis , & sur-tout le Génie ailé de la vigne Borghèse.

Tous les tableaux & sur-tout toutes les statues représentaient d'ordinaire des personnages nuds ; mais quand la décence & le costume obligèrent les Artistes de les drapper , ils le firent avec grace ; on peut en juger par le manteau de la Niobé , qui passait pour un chef-d'œuvre de l'art aux yeux de Raphaël.

Quant aux compositions de Peinture , on peut dire que les Grecs du siécle d'Alexandre exécutèrent à-peu-près tout ce que nous exécutons aujourd'hui , à l'exception des grandes coupoles & des petits ouvrages en émail.

Pline a dit, & le peuple de ses enthousiastes a répété , que dans les beaux siècles de la Peinture les Artistes n'employèrent jamais dans leurs tableaux que quatre couleurs (*a*) ; il me semble

____

(*a*) « C'est avec quatre couleurs seules , dit

démontré qu'il s'agit ici de quatre cou- leurs primitives, qui allaient en se dé- gradant par des nuances insensibles ; assurément si Timanthe avait fait son sacrifice d'Iphigenie seulement avec le blanc d'Egypte, avec le noir de l'Atra- mentum, le jaune de l'Attique, & le rouge de la terre de Lemnos, il n'aurait pas été si vanté par les hommes de goût, qui avaient sous leurs yeux des statues aussi admirables que le Jupiter de Phi- dias & le grouppe de Laocoon.

En général, Pline, de qui nous tenons le peu de mémoires qui nous restent, sur les connaissances des anciens dans les arts qui dépendent du dessin, n'était point entré dans les mystères de la pein- ture ; je vois presque toujours l'homme

---

» ce Philosophe, qu'Apelle, Echion, Me-
» lanthe & Nicomaque, ces Peintres célèbres,
» dont chacun des tableaux valait toutes les
» richesses d'une ville entière, ont fait leurs
» ouvrages immortels ». *Histor. natur.* lib. 35.
cap. 7.

de lettres qui écrit & jamais l'artiste ; il
nous inftruit de tous les contes populaires qu'on débitait fur les Peintres célèbres, du prix qu'on mettait à leurs
tableaux, des édifices où on les confer-
vait ; mais il ne porte que des jugemens
vagues fur leurs ouvrages : on fent
même que la langue de l'art lui eft in-
connue ; il ne parle jamais du fentiment
du nud que confervent les draperies, de
la magie du clair obfcur, de la diftribu-
tion harmonieufe des grouppes, de l'effet
fublime de ces maffes de lumières, frap-
pées avec intelligence fur la chaîne d'une
compofition ; il paraît n'écrire fur la
peinture, qu'à caufe des matières qui font
la bafe des couleurs, & encore ce qu'il
dit des fubftances colorantes eft-il fouvent erronné. Telle eft fon hiftoire extra-
vagante de la compofition d'une couleur
précieufe dans l'Inde, qu'il attribue au
fang d'un éléphant, pompé par un dragon, & mêlé enfuite avec le fang du
dragon, écrafé par la chûte de l'éléphant.

Ce défaut de connaissances , dans Pline, a fait conclure à quelques modernes qu'elles manquaient aux artistes mêmes dont il écrivait l'histoire ; mais la conséquence n'est pas exacte. Timanthe, Xeuxis & Protogène. étaient peintres , quoiqu'on ne parle pas dans la première des encyclopédies, la langue de la peinture , & il faut mieux, à cet égard , faire le procès à Pline qu'à toute l'antiquité.

Oui les anciens étaient peintres , & l'étaient dans le sens de nos Titien & de nos Michel-Ange ; mais ce n'est qu'en devinant çà & là quelques textes de leurs livres, qu'on peut faire l'histoire de leurs découvertes.

On ne peut douter qu'ils ne fissent des esquisses de leurs compositions , avant de les transmettre sur la toile ; ces esquisses se dessinaient sur des tablettes de buis, ou sur une espèce de velin (a) ; les

_____

(a) *Tabulis & membranis* , dit Pline , lib 35. cap. X. Nos Artistes dessinent encore aujour-

amateurs confervaient ces efquiffes, parce que fouvent le feu du yeux s'y montraient plus à découvert que dans les tableaux.

On conjecture, par un paffage de Pline fur un tableau de Paufias, que les anciens connaiffaient l'art du raccourci. Ce philofophe dit que l'artifte pour faire preffentir la groffeur d'un taureau , ne le peignit pas en flanc , mais en face (*a*). Il eft certain que les contemporains d'Apelle & de Protogène eurent fouvent à peindre des voûtes de temples & d'édifices publics, & que ce travail était impraticable , s'ils ignoraient les raccourcis. Cet art eft un des grands

---

d'hui fur le velin , quand leurs deffins ne font pas lavés.

(a) *Cum longitudinem bovis oftendere vellet, adverfum eum pinxit, non tranfverfum ; unde & abunde intelligitur amplitudo.* lib. 35. cap. XI. Cet *adverfum* oppofé à *tranfverfum* , ne peut défigner qu'un raccourci.

mérites des coupoles admirables de Lan-
franc & du Corrège.

Nous tenons de Quintilien que Xeuxis
& Appollodore se distinguèrent les premiers dans l'art du clair-obscur (*a*), &
quand ce Perraut, qui mit tant d'esprit
à refuser du génie aux anciens, voulut
leur ravir cette connaissance, il fit soup-
çonner sa mauvaise foi ; le critique s'ap-
puyait sur un texte de Pline , où on
citait comme une merveille, la peinture
d'une colombe buvant au bord d'une
fontaine, & obscurcissant l'eau par l'ombre de sa tête (*b*), il en concluait qu'on
n'avait point encore représenté l'ombre
qu'un corps fait sur un autre, quand il
est interposé entre lui & la lumière (*c*);

(a) *Instit. orator.* lib. 12. cap. 10. Cet art
est aussi assez clairement désigné dans Pline,
Histor. natur. lib. 35. cap. 5.

(b) *Mirabilis ibi columba bibens , aquam umbrâ
capitis infuscans.* Plin. lib. 36.

(c) *Parallèles*, tom. I. pag. 201. ⸻ Il est probable que Perrault a lu dans Pline moins ce qui

mais il s'agit, dans le paſſage de l'Hiſtorien des arts, non d'un tableau ordinaire, mais d'une moſaïque. Or, ce qui n'aurait pas été merveilleux avec le mêlange & la dégradation des couleurs, paraît l'être avec des pièces de rapport. L'interprétation de Perraut eſt vraiment inſidieuſe ; on ne s'attend pas à un pareil délit littéraire, de la part du philoſophe qui diſcute des opinions. Il ne convient qu'à l'homme vil & odieux qui fait des ſatyres.

Ce qui paraît le plus problématique dans les anciens, c'eſt leurs connaiſſances en perſpective. On a cité avec confiance les bas-reliefs de la colonne Trajane & les peintures à freſque d'Herculanum, pour prouver qu'ils ignoraient & la perſpective linéaire, qui conſiſte

____

y était, que ce qu'il y cherchait : = au reſte ce Philoſophe ſi baffoué par Boileau, & ſi vanté par Fontenelle, n'a été mis à ſa place que de nos jours. Voyez ſa vie dans les *Eloges* du Marquis de Condorcet.

dans le jufte raccourciffement des lignes,
& la perfpective aërienne, qui dépend
d'une jufte dégradation dans les couleurs ; mais cette critique tombe à faux,
quand on voit une foule de monumens
des anciens, & qu'on lit leurs ouvrages.

La perfpective, dans l'ordre des connaiffances humaines, eft une branche de
l'optique. Or, l'optique était connue des
anciens : nous avons, fous ce nom, un
livre d'Euclide, qu'on a cité comme un
modèle, jufqu'à ce que les expériences
du grand Newton l'ait fait oublier.

Il y a des textes lumineux fur la
perfpective dans Vitruve, dans le dialogue de Platon, qui a pour titre *le
Sophifte*, & même dans Pline (*a*), qui,

______

(*a*) Par exemple il dit de Paufias, qu'il faifait
voir avec un art infini fur une furface, toute
l'étendue des corps, & leur folidité, par des
traits rompus : *magnâ prorfus arte in æquo extan-
tia oftendens & in confracto folida.* lib. 35. cap.
XI. = Pour peu que la Peinture foit familière,
on reconnaît ici la perfpective.

en général, ignorait la langue de la peinture.

Les bas-reliefs de la colonne Trajane & les peintures d'Herculanum, ne font point l'ouvrage d'artiftes fupérieurs ; & quand ils le feraient, ne fçait-on pas qu'il n'y a point de parties de la peinture qui prète davantage à la licence que la perfpeċtive ? Croirait-on, à voir certains tableaux du Guide, du Tintoret & de Paul Véronèfe, que ces grands hommes en étaient inftruits ? une preuve négative eft bien peu de chofe quand elle eft feule ; mais quand on lui oppofe des preuves pofitives, elle n'eft rien.

Veut-on juger fi les Anciens connaiffaient la perfpeċtive ? qu'on jette les yeux fur une foule de médailles antiques, & fur-tout fur le fameux cachet de Michel Ange ; qu'on examine le tableau de Coriolan, trouvé dans les Thermes de Titus, la chaffe du Cerf du tombeau des Nafons (*a*), & le deuil

______

(*a*) Elle eft gravée dans la planche XXX du

funèbre du Palais Barberin (*a*). Veut-on remonter plus haut, qu'on life avec attention, dans l'Iliade, la defcription du bouclier d'Achille, cette réunion de preuves forme une démonftration morale prefque égale en certitude aux axiomes des Géomètres.

Telles font les connaiffances qu'avaient les anciens, dans l'art des Protogène & des Raphaël : quant aux genres de Peinture qu'ils exerçaient, ils peuvent fe réduire à trois ; à la détrempe, à la frefque, & à l'art d'incorporer les couleurs dans de la cire fondue, qu'on appelle l'encauftique.

La miniature était connue au fiècle d'Alexandre ; on vantait beaucoup, en ce genre, les tableaux obfcènes de Parhafius, dont le Sultan de Rome Tibère,

---

livre des Peintures antiques de Pietro Santo Bartoli.

(*a*) On le trouve gravé à la page 78 du recuei i de Roffi, intitulé : *Admiranda veteris Sculpturæ veftigia.*

faisait ses délices dans son serrail de Caprée, lorsqu'il employait à violer les mœurs publiques, le tems qu'il ne pouvait mettre à égorger les hommes.

Les Artistes Grecs exercèrent aussi leurs pinceaux à dessiner des colosses ; c'est à l'imitation d'un tableau colossal trouvé dans l'ancienne Grèce, que Néron se fit peindre en pied sur une toile de cent vingt pieds de hauteur, qu'il exposa au public dans les jardins de Marius. Il s'en faut bien que les figures colossales de la fameuse coupole de Parme aient les mêmes proportions. Ce portrait de Néron fut brûlé par la foudre, du vivant même du tyran, qui avait voulu en faire l'emblême de sa divinité.

Le peu qui nous reste des monumens de la Peinture Grecque, consiste en fresques & en mosaïques.

Les fresques sont les Figurines de la pyramide de Cestius, la Vénus restaurée par Carle Maratte, la noce Aldobrandine , & les peintures d'Herculanum (*a*).

Les figurines du Maufolée de Ceftius ne fubfiftent plus entières que dans la defcription de Bellori , & dans les gravures modernes ; l'humidité en a fait difparaître les couleurs & prefque tout le deffin. Cette humidité eft mortelle en hiver pour les peintures de Rome ; la pierre & le marbre y réfiftent à peine , & c'eft la raifon qui a engagé les Papes à faire copier en mofaïques les chef-d'œuvres des Raphaël , des Guide & des Carrache.

La Vénus eft de grandeur naturelle

(*a*) On peut y ajouter quelques frefques très-peu importantes & très-endommagées, trouvées en 1668 & en 1760 , les premières dans la vigne Corfini & parmi les ruines du Palais de Titus , les autres dans la vigne Albani ; un mauvais grouppe de trois figures , autant d'un facrifice , qu'on conferve dans le Palais Albani , & fept tableaux fans ordonnance, détachés d'une voûte trouvée au pied du mont Palatin , & qu'on montre dans la gaierie du Collège de S. Ignace.

& couchée ; on la trouva lorfqu'on creufait les fondemens du Palais Barberin, & Carle Maratte en répara la tête : on remarque que cette peinture eft ombrée & éclairée comme fi elle était à l'huile, c'eft-à-dire par des maffes entières de teintes dégradées & forcées ; il n'y a ni correction dans le deffin, ni expreffion dans la figure.

La noce Aldobrandine fut trouvée dans les Thermes du Titus, & tranfportée dans la vigne Aldobrandine. On voit dans ce tableau l'époufe affife fur un lit & parlant à une femme, tandis que le futur attend avec timidité la fin de cet entretien ; autour d'eux font des Muficiennes & des Matrones qui font les apprêts d'un facrifice ; l'homme de goût en trouve la compofition éparfe & découfue : le mari a l'air d'un perfonnage fubalterne, & il n'y a point de correction dans le jet des draperies.

Un pere Refta a attribué la noce

Aldobrandine au célèbre Apelle , & la raifon qu'il en donne eft digne d'un antiquaire enthoufiafte ; c'eft que quand on découvrit cette frefque (en 1600) on jugea qu'elle avait deux mille ans d'antiquité , ce qui tombait à-peu-près au tems où vivait le Peintre d'Alexandre(*a*); on fçait qu'un Antiquaire calcule toujours avec une grande précifion , & qu'il ne fe trompe pas plus dans fes dates qu'un Chronologifte.

La noce Aldobrandine eft célébrée évidemment dans le coftume des Romains fous les premiers Céfars, ainfi elle eft très-poftérieure au fiècle d'Alexandre.

Si on avait pu efpérer de trouver des Peintures de la plus haute antiquité , c'était dans les ruines de cette Herculanum , qui fut fondée par Alcide avant la guerre de Troye. Les laves

______

(*a*) *Richardfon* , traité de la Peinture, tome 3. pag. 578.

du Vefuve, fous lefquelles cette ville était enfevelie depuis tant de fiècles, formaient un maffif de quatre - vingt pieds d'épaiffeur, qui avaient mis fes monumens à l'abri des impreffions de l'air & de la main deftructice des barbares : mais l'attente générale a été trompée, & puifqu'on n'a trouvé dans Herculanum aucune Peinture du fiècle d'Alexandre, il eft probable qu'elles font perdues pour jamais.

Cependant il fallait dans une hiftoire raifonnée de la Grèce, faire juger, par les yeux, de la Peinture antique ; & ne pouvant copier les originaux des grands Maîtres du fiècle d'Alexandre, nous avons tâché de conferver par la Gravure le moins mauvais des tableaux d'un âge poftérieur qu'on a trouvés dans Herculanum ; il s'agit du Théfée, vainqueur du Minotaure : on voit que ce Héros y eft repréfenté nud avec une fimple draperie fur l'épaule ; le monftre paraît renverfé à fes pieds, & de jeunes

Athéniens embraffent les genoux de leur libérateur. La compofition du tableau eft froide , & les gens de l'art n'eftiment que la tête du vainqueur du Minotaure.

Ceux des Artiftes Grecs dont les ouvrages font parvenus jufqu'à nous, paraiffent avoir un peu mieux réuffi dans la Peinture à mofaïque que dans la Peinture à frefque ; on dirait qu'ils ont refervé leur génie pour les ouvrages qu'ils confacraient à l'éternité.

Il n'y a pas encore un demi - fiècle que le Cardinal Furietti , en faifant fouiller dans la vigne Adriani, trouva quatre tableaux en mofaïque qui attirèrent l'attention des connoiffeurs, par la beauté du travail, la correction du deffin & la vivacité du coloris. Ces tableaux font quatre pigeons de grandeur naturelle, qui paraiffent jouer enfemble fur les bords d'un baffin ; une chaffe de lion , de tigres & d'éléphans, dont le payfage eft remarquable par fa perfpective ; un char de triomphe traîné

par deux fangliers , & une guirlande
de fleurs & de fruits dont les ombres
font marquées avec tant d'art, que l'ouvrage paraît de relief.

Le monument le plus célèbre, je ne
dis pas le plus précieux, qui nous refte
des Anciens en ce genre, eft la mofaïque
qu'on trouva le fiècle dernier parmi les
ruines d'un Temple de Prenefte , &
qu'on a tranfportée dans le Palais du
Prince de Paleftrine. Elle a deux pieds
de long fur dix de hauteur ; la fcène
eft en Egypte ; auffi le fujet en eft-il
auffi inexplicable que fi c'était un tiffu
d'hyéroglyphes.

On ne reconnaît dans ce grand ouvrage aucune unité de deffin ; c'eft un
cahos où l'œil & l'efprit s'égarent à la
fois. L'Artifte a eu foin de mettre au-
deffus de chaque animal le *nom* qu'il
porte. Quant à la perfpective , à la
fcience du clair-obfcur , à l'art de
groupper , on n'en voit aucune trace ;
cette mofaïque reffemble à un papier

de la Chine faite au tems de l'invention de ce papier, & je conseille aux sçavans qui ont dit que les Chinois étaient une colonie des Egyptiens, d'en faire une base de leur système.

Si après toutes ces considérations, on voulait mettre la Peinture des Anciens en parallèle avec la nôtre, il ne serait pas impossible d'asseoir à cet égard d'heureuses conjectures.

Il ne paraît pas que les Grecs ayent tenté de grandes compositions, comme la salle des Géants de Jules-Romain, ou le plafond de l'apothéose d'Hercule. Cette seule remarque suffirait peut-être pour nous mettre au-dessus des Artistes du siècle d'Alexandre.

Ils dessinaient sans doute aussi bien que les grands Peintres de l'Ecole Romaine; on peut en juger par la Venus de Médicis, le Torse & l'Apollon; ces modèles admirables qui ont servi, non moins que la nature, à créer le génie de Raphaël.

Je balance encore moins à regarder les Anciens comme de grands Maîtres dans l'expreſſion : le Gladiateur expirant , le grouppe de Papirius & celui de Laocoon , font des chef-d'œuvres en ce genre ; & puiſqu'il y avait des Artiſtes qui donnaient de l'ame au marbre & au bronze , il devait y en avoir qui en donnaient à la toile.

Winckelman a obſervé avant moi combien les Anciens devaient l'emporter ſur nous dans les carnations (*a*) ; la plupart de nos Artiſtes expriment la peau par une multitude de petits plis trop apparens , & prononcés avec une ſorte de dureté : les Artiſtes Grecs au contraire , exprimaient ces plis par des lignes ondoyantes , qui naiſſant l'une de l'autre avec une gradation inſenſible , préſentaient un tout , qu'on croyait formé par un ſeul trait. Dans ces chef-

____

(a) *Réflexions ſur l'imitation des Artiſtes Grecs.* Lettre 3.

d'œuvres de l'antiquité, la peau , au lieu d'avoir un air de contrainte, femblait donc unie intimement avec la chair & en fuivre exactement tous les contours ; on n'y remarquait aucun de ces plis détachés qui lui donnent l'air d'une fubftance féparée du corps qu'elle recouvre.

Les Anciens paraiffent inférieurs à nous dans l'intelligence du clair obfcur, dans l'art de groupper avec harmonie, & fur - tout dans les grands effets de perfpective ; les grands éloges que les Ecrivains de la Grèce & de Rome donnent aux Artiftes qui dans ces parties ont fait faire un pas à l'efprit humain, prouvent qu'à cet égard l'art ne s'eft perfectionné que dans le fiècle des Carraches , des Corrège & des Raphaël.

On conjecture auffi que leurs payfages ne pouvaient égaler ceux de nos Peintres Flamands, parce que les couleurs qu'ils employaient prêtaient bien moins que l'huile à leur effet pittorefque ; de plus , ils s'occupaient peu à chercher des animaux de la belle efpèce pour les deffiner ; on peut en juger par les petits chevaux de Lyfippe qu'on voit à Venife au Portail de Saint Marc , & même par le célèbre cheval de la Statue de Marc-Aurèle.

Nous n'avons point de pièces de comparaifon pour juger du coloris des Grecs, du tems des Républiques ; cependant il me paraît démontré qu'ils fçavaient colorer par nuances. Un tableau formé des quatre couleurs tranchantes dont parle Pline , paraîtrait ridicule à un Samoïede, & il eût été difficile qu'il excitât l'enthoufiafme des hommes du goût le plus épuré , qui vivaient avec Afpafie & Alcibiade.

Un coup d'œil rapide jetté fur les Peintres célèbres de l'Antiquité , va achever de mettre le lecteur a portée de terminer lui-même le parallèle des grands Artiftes du fiècle des Médicis , avec ceux du fiècle d'Alexandre.

DES PEINTRES CÉLÈBRES

DE L'ANCIENNE GRÈCE.

POLYGNOTE. — On peut regarder cet Artiste comme le pere de la Peinture ancienne : il naquit à Thafe , petite ifle de la mer Egée ; il fleurit vers l'an 1162 de l'Ere de Paros ; jufqu'alors on n'avait peint qu'avec une feule couleur , il en employa quatre ; on ne fçavait repréfenter les femmes que nues , il les couvrit de draperies ; on ne deffinait qu'avec roideur ; il fçut adoucir les contours de fes figures & en varier les attitudes (*a*). Voilà de grands fervices rendus à l'art ; l'Italie moderne en exigea moins, quand elle donna le titre de reftaurateur de la Peinture à Cimabué.

Polygnote remplit de fes tableaux

(*a*) Pline , *Hift. natur.* lib. 35. cap. IX.

de chevalet les Temples de Delphes & d'Athènes ; on citait , avec diſtinction , ſon Caſtor & Pollux ; ſon Oreſte , poignardant Egyſte ; ſon Diomède , enlevant les flêches de Philoctète ; ſa Polyxême , prête à être immolée ſur le tombeau d'Achille ; & ſon Ulyſſe , emportant le Palladium (*a*).

On voyait encore à Rome , du tems de Pline , un guerrier , de Polygnote , peint dans cette attitude indéciſe d'un homme qui laiſſe en doute s'il monte , ou s'il deſcend (*b*) ; il eſt difficile de s'étendre ſur ce tableau , parce qu'on ne ſçait ſi le texte qui en parle eſt un éloge , ou une épigramme.

Les Athéniens , ſatisfaits des ouvrages de Polygnote , le chargèrent de peindre , en concurrence avec Myron , un édifice public , qu'on appellait le portique du Pœcile ; Polygnote y travailla unique-

(*a*) Pauſanias , *in Attic.*
(*b*) Plin. *loco citato.*

ment pour la gloire, mais fon rival fe fit payer de fes tableaux ; de pareils traits, chez un Peuple fenfible, ne reftent jamais fans récompenfe ; **on donna,** à l'Artifte défintéreffé, le droit d'hofpitalité dans toutes les villes de la Grèce, par un décret folemnel des Amphictions. Ces peintures de Polygnote, que ce trait avait rendu célèbre, fe confervèrent, dit-on, au Pœcile d'Athènes, plus de huit cens ans.

Rien n'a plus contribué à la renommée de Polygnote, que fes deux fameux tableaux de l'embarquement des Grecs, après la prife de Troye, & de la defcente d'Enée aux Enfers, que le Comte de Caylus a fait graver à l'eau forte, fur la defcription de Paufanias ; mais il y a des fautes effentielles dans leur compofition ; les grouppes y font liés fans intelligence ; on n'y voit aucune unité de deffin, fur-tout dans le premier, où la fcène fe paffe à la fois dans le vaiffeau de Menelas & fur les ruines de Troye.

Ce qui démontre encore plus, que l'art du tems de Polygnote était encore a son berceau, c'est le soin qu'il a pris d'écrire sous chaque figure le nom des personnages; il est vrai que sans cette précaution qui caractérise l'ignorance, les deux tableaux de cet Artiste n'auraient été, même pour les contemporains, qu'un recueil d'hyerogliphes.

Au reste, ne nous hâtons pas de faire le procès à la mémoire du créateur de la Peinture Grecque; il ne lui a manqué, peut-être, que de vivre avec Apelle, pour l'égaler; son génie est de lui, & ses fautes, du siècle où il a vécu.

TIMANTHE. — Cet Artiste fleurissait à Samos environ vingt ans après Polygnote, personne n'a été plus loué dans l'antiquité; il est vrai que ses panégyristes n'étaient point des Peintres, mais des Poëtes & des Rhéteurs, ce qui doit, après tant de siècles, jetter quelques nuages sur la pureté de leur encens.

Un des plus ingénieux tableaux de

Timanthe était , dit-on , fon Cyclope endormi ; comme la toile était très-bornée , pour faire preffentir la taille du Géant , il avait peint à côté de lui des Satyres , qui mefuraient fon pouce avec un thyrfe ; s'il eft vrai , comme on le fuppofe , que ce tableau fût de la grandeur de l'ongle , il eft affez extraordinaire que Timanthe choifit , pour deffiner fes Géants , le petit champ de la mignature.

Il eft vrai que Timanthe ayant peint en concurrence avec Xeuxis , le tableau de la querelle d'Ajax & d'Ulyffe , pour les armes d'Achille , fortit victorieux du combat ; mais comme ce fait fe trouve dans Pline (*a*) , à la fuite de quelques anecdotes fur l'orgueil de Xeuxis, il pourrait fe faire que les Juges euffent plus fongé à humilier cet Artifte , qu'à faire éclater le génie de fon rival.

____

(*a*) *Hift.* *nat.* lib. 35. cap. X.

On ignore quel eſt ce Héros que repréſenta Timanthe, ouvrage parfait, & qui fit connaître que ſon auteur n'avait point d'égal dans l'art de peindre les hommes (a).

Je me hâte d'arriver à ce fameux tableau du ſacrifice d'Iphigénie, auquel Timanthe doit ſa grande célébrité : on ſçait que cet Artiſte épuiſa toutes les nuances de la douleur, ſur le viſage & dans les attitudes des perſonnages qui aſſiſtaient à ce grand ſpectacle, & que ne ſçachant comment s'y prendre, pour peindre le déſeſpoir d'Agamemnon, il couvrit ſa tête d'un voile, trait d'adreſſe qu'il avait pris dans la tragédie d'Euripide, & qui a été copié une ſeconde fois de nos jours par le Pouſſin, dans ſa mort de Germanicus.

On a cru, pendant deux mille ans, que ce voile de Timanthe était un trait de génie, & on s'eſt trompé deux mille

---

(a) Plin. *loco citato*.

ans fur cet article , comme fur bien d'autres : l'auteur de la Henriade , dont on peut oppofer le goût à celui de ces deux mille ans, difait fur ce fujet : « c'eft » un trait d'efprit , mais non un trait de » Peintre : un voile fur la tête d'un prin- » cipal perfonnage , fait un effet affreux » dans un tableau ; voyez le chef-d'œuvre » de Rubens, qui a fçu exprimer fur le » vifage de Marie de Médicis la douleur » de l'enfantement, & la joie d'avoir un » fils , non avec les quatre couleurs de » Timanthe , mais avec toutes les teintes » de la nature ; il fallait , plutôt que de » voiler le vifage d'Agamemnon , y » peindre le combat de la douleur d'un » père , de l'autorité d'un Monarque , » & du refpect pour les Dieux ». — On peut appeller de ce jugement de Vol- taire , mais ce ne fera pas au tribunal des Eleves de Raphaël & de Michel- Ange.

On ne peut difconvenir , malgré toutes ces obfervations , que Timanthe n'eut beaucoup d'intelligence dans son art : le mot de Pline , *qu'il y avait toujours, dans ses compositions, plus de choses sous-entendues que d'exprimées* , suffit à son éloge, sans recourir à l'analyse de ses tableaux.

XEUXIS. — Ce Peintre , un des Artistes Grecs qui a le plus étendu la carrière de l'art , naquit à Héraclée , dans la plus belle époque du siècle d'Alexandre ; Socrate venait de mourir , & Athènes confuse , ne se consolait que par la gloire qui rejaillissait sur elle, des chef-d'œuvres de ses Artistes , de la honte dont elle s'était couverte , en faisant périr le plus grand de ses Philosophes.

Xeuxis est moins connu par sa vie que par ses ouvrages. Ce Peintre célèbre aimait à dessiner sur le nud , pour se pénétrer des belles formes de la nature, & comme ses modèles étaient rarement sans défaut, il empruntait de chacun sa beauté particulière , pour former sur la toile un ensemble parfait : les habitans d'Agrigente , instruits de ses principes,

luï permirent d'examiner leurs vierges ,
fans autre voile que celui de la pudeur ;
Xeuxis, après cet examen , en choifit
cinq d'entre elles, qui lui fervirent de
modèles, dans un tableau fameux deftiné
à être confacré dans le Temple de
Junon.

Xeuxis s'amufa quelquefois , à peindre
fans modèle, ces êtres bizarres qui ne
doivent leur exiftence qu'à l'imagination
exaltée des Poëtes : telle eft la fameufe
Centaure femelle , dont nous devons la
defcription au pinceau de Lucien. Les
Peintres admiraient dans ce tableau , la
hardieffe de la compofition, la délicateffe des ombres, & fur-tout l'intelligence fingulière avec laquelle on y avait
fondu la nature de la femme avec celle
de la cavale, de manière que le paffage ,
de l'une à l'autre, était imperceptible ;
ce chef-d'œuvre de l'art fut enlevé par
Sylla, & périt dans un naufrage.

L'ouvrage de Xeuxis qui lui a fait le
plus grand nom dans l'antiquité , eft fon

tableau d'Hélène : Nicomaque, un de ſes rivaux, paſſait chaque jour une heure à conſidérer ce chef-d'œuvre. Un amateur ſans goût, voulut lui montrer quelques défauts dans la compoſition : *Prenez mes yeux*, dit-il au critique, *& vous verrez que cette Hélène eſt l'image la plus fidèle de la Divinité.*

Xeuxis, cependant, n'était pas à l'abri d'une critique judicieuſe ; il repréſentait la tête de ſes perſonnages trop groſſe, & croyait, comme Homère, qu'il n'y a point de beauté ſans embonpoint (*a*).

Ariſtote lui reproche auſſi de n'avoir point exprimé les mœurs dans ſes tableaux, & à cet égard, il met ce Peintre bien au-deſſous de Polygnote (*b*).

Les contemporains de Xeuxis avaient d'autant plus de droits de trouver des défauts à ce grand Artiſte, que ſes

____

(*a*) Cette remarque eſt de Quintilien, *Inſtit.* lib 12. cap. 28.

(*b*) Poëtic. cap. 6. parag. 7.

fuccès en Peinture l'avaient enflé d'orgueil : c'eft lui qui ofa mettre au bas de fon tableau de l'Athlète : *il eft plus aifé d'envier Xeuxis, que de partager fa gloire.*

L'idée qu'il avait de fon talent, fut porté au point que, fur la fin de fa vie, il faifait préfent de fes tableaux, fous le prétexte qu'aucun prix ne pouvait les payer ; il lui était, au refte, très-aifé de faire parade de cette faftueufe générofité, car il était devenu d'une opulence qui pouvait faire ombrage aux Souverains. Il parut un jour aux Jeux Olympiques, avec une foule d'efclaves qui avaient tous le nom de leur maître brodé en lettres d'or fur leurs manteaux ; les Grecs pardonnèrent aifément à un Peintre ce fafte, qui par fa nature n'était pas fait pour devenir contagieux.

Sa mort, s'il en faut croire Feftus (*a*), fut auffi extraordinaire que fa vie ; il

_____

(*a*) Au refte, cet Auteur cite pour fon garant Valerius Flaccus.

deſſinait le portrait d'une vieille, & quand il l'eut terminé, il rit tant à ſon aſpect, qu'il s'étouffa lui-même. — On ignore l'époque préciſe de la mort de ce grand Artiſte ; ſeulement on ſçait qu'il fut le contemporain de Platon, & qu'il put entendre, à la tribune aux harangues, les premiers chef-d'œuvres de Démoſthène.

PARHASIUS. — Il naquit à Ephèſe, & fut le contemporain & le rival de Xeuxis : il eſt le premier, au rapport de Pline, qui obſerva les proportions du corps humain, qui mit de la fineſſe dans les traits de ſes figures, de la grace dans leur ſouris, & de l'élégance dans leurs cheveux (*a*) ; ſi cela était, il reſterait bien peu de mérite à ſes prédéceſſeurs ; mais il eſt plus probable que Pline s'eſt contredit, qu'il ne l'eſt que l'antiquité s'eſt trompée ſur les éloges des Xeuxis & des Polygnote.

______

(*a*) *Hiſt. nat.* lib. 35. cap. 10.

Ce même Pline a rapporté bien des contes populaires fur Parhafius, que la poftérité a retenus, peut-être, parce que ce font des contes; tel eft le fameux défi de ce Peintre à Xeuxis, fur la prééminence de leurs tableaux; Xeuxis apporta au concours une grappe de raifins, peinte avec tant de vérité, que des oifeaux vinrent la becqueter; pour fon rival, il ne peignit qu'un fimple rideau: Xeuxis, fier d'un fuffrage qu'il était loin d'attendre, demanda que ce rideau fut tiré, pour qu'on pût juger de l'ouvrage; l'erreur reconnue, il eut la franchife d'adjuger lui-même le prix à Parhafius, difant qu'il avait trompé un Artifte, tandis que lui n'avait trompé que des oifeaux.

Cependant, Parhafius qui aimait mieux devoir fa fupériorité à fon tableau qu'à un bon mot, peignit lui-même une grappe de raifin, qu'il mit entre les mains d'un enfant; les oifeaux, comme on s'en doute bien, ne manquèrent pas

de venir la becqueter; alors le Peintre
fe fâcha contre fon tableau : « Si mon
» enfant avait été bien fait, dit-il, les
» oifeaux intimidés ne feraient pas venus
» becqueter la grappe de raifin ».

Toutes ces hiftoriettes ont été répé-
tées au fujet des chefs-d'œuvres de
Peinture moderne : on a dit que des
hirondelles avaient voulu traverfer le
ciel d'un plafond du Cardinal de Richelieu ; qu'un âne avait tenté de brouter
un chardon, peint par Lebrun, dans une
de fes batailles d'Alexandre ; & que des
abeilles avaient cherché à compofer
leur miel, avec des fleurs, d'un tableau
de Van-Huyfum ; ainfi on ne prouverait
pas même, par le fuffrage des bêtes,
la fupériorité des Anciens fur nous en
Peinture.

Le chef-d'œuvre de Parhafius était,
dit-on, le tableau d'Athènes ; il y rendit
le caractère d'un peuple entier avec ce
mêlange fingulier de douceur, & d'emportement ; de bravoure, & de molleffe ;

d'énergie, & de frivolité ; ce qui ne pouvait cependant s'exécuter que froidement, c'est-à-dire, à l'aide des emblêmes & des allégories.

Parhasius abusa de son pinceau & de son génie, pour représenter des objets obscènes : ces Peintures, fruits d'une imagination dépravée, amusèrent longtems le vieil Tibère, dans son Serrail de Caprée, & cette Messaline, qui prostitua, dix ans, aux porte-faix de Rome, le sein qui avait porté Britannicus.

Cet Artiste, qui connaissait son talent, dicta lui-même, à ses contemporains, le jugement qu'ils en devaient porter ; il déclara hautement, qu'il était le premier des Artistes de son tems, & à force de le répéter, il empêcha son siècle de le croire.

Le peu de succès même de ses tableaux ne servait qu'à donner une nouvelle activité à son orgueil ; il peignit, en concurrence avec Timanthe, la dispute d'Ajax & d'Ulysse pour les armes d'Achille, & le prix fut adjugé à fon rival. — « Je lui cède la victoire, dit » Parhafius, c'eft pour la feconde fois » qu'Ajax fubit un outrage pour la » dépouille d'Achille ».

Quoique l'orgueil, porté à fon comble, s'allie très-bien avec la férocité, j'ai cependant de la peine à croire, fur la foi de Sénéque, que Parhafius ait acheté un prifonnier, & l'ait fait expirer de fang froid dans les tourmens, pour lui fervir de modele, dans fon Prométhée, attaché au Mont Caucafe (a) ; on a fait revivre cette abominable hiftoire au fujet d'un Crucifix de Michel-Ange, & puifque l'envie a calomnié le rival de Raphaël, elle peut auffi avoir calomnié Parhafius.

Il paraît que ce qui a diftingué Parhafius de tous les Peintres de fon tems, eft

____

(a) *Senec.* controverf. V. 10. Le récit de Sénéque pourroit très-bien convenir à un Sculpteur, qui aurait porté le nom de Parhafius.

l'art de terminer & d'arrondir fes objets, ou, pour parler le langage de la Peinture, le moëlleux des contours ; le Comte de Caylus, qui a écrit fur les arts en homme éclairé, le compare à cet égard au Corrège.

On ignore fi Parhafius fonda une école dans la Grèce ; mais il eft probable que l'envie, qui l'avait pourfuivi de fon vivant, fe tut, lorfqu'il ne refpira plus que par fes ouvrages. Plutarque prétend qu'il fut adoré, avec le Théfée, dont il avait fait le portrait (*a*), & certainement, fon génie feul put fournir un prétexte à cette apothéofe.

APELLE (*a*). — Quand Raphaël donna aux Romains fes chef-d'œuvres, on crut flatter ce grand homme, en le nommant l'Apelle des modernes : aujourd'hui que l'art eft plus connu, &

____

(a) *In Vid. Thef.*

(b) *Plin.* hift. natur. lib. 35, cap. 10. *Solin. Polyh.* cap. 27. *Athen.* Deipnofoph. lib. 13.

que les beaux génies font mieux appré-
ciés, nous croyons flatter Apelle, en
le nommant le Raphaël des anciens ;
oublions un inftant le créateur de l'é-
cole Romaine, & , s'il eft poffible , toutes
les écoles de peinture , & jugeons le
peintre d'Alexandre d'après lui-même ;
car, puifqu'il n'exifte rien de lui que fon
nom, il ne peut être comparé à perfonne.

Apelle, fans patrie , comme Homère, s'en créa une, par-tout où les arts
furent en honneur ; il eut auffi le bonheur d'être accueilli par des Souverains,
qui tenaient en leurs mains la deftinée
du monde : je dis le bonheur, car le
talent ne donne pas toujours cette
efpèce de célébrité , fans laquelle l'homme de génie ne fçaurait remplir toute
l'étendue de fa carrière.

Apelle dut peut-être encore à fes
écrits fa gloire prématurée : car il fit , fur
fon art, des ouvrages admirés de fes
contemporains, & il prépara ainfi, par

les chef-d'œuvres de fa plume, l'enthoufiafme que lui valurent les chef-
d'œuvres de fon pinceau.

Il paroît que ce grand Artifte s'exerça
dans tous les genres ; il peignit à frefque
un temple de Pergame, & il fut à la
fois un Peintre de batailles & un Peintre
de portraits.

Quelquefois fon pinceau, fier & hardi,
rendit des fujets favorables. On parlait
beaucoup, dans l'antiquité, de fon
Alexandre, repréfenté fous la forme
d'un Jupiter, irrité contre les hommes :
c'eft fur-tout dans ce tableau qu'il avait
porté à fa perfection, le preftige du relief : car la main du héros était faillante,
& la foudre femblait fortir de la toile.

Au refte, ce qui a diftingué Apelle
de tous les Peintres de l'antiquité, c'eft
cette grace indéfiniffable que Pline caractérife fous le nom de *Venuftas*, & les
Italiens fous celui de *Morbidezza*, grace
qu'il fçavait répandre dans tous les fujets
agréables qu'il traitait, & dès qu'il con-

nut fon vrai talent, il ne traita que des fujets agréables.

On ne voit point, par la lifte des tableaux que Pline & Paufanias nous ont laiffé d'Apelle, que le génie de cet Artifte ait jamais baiffé ; il avait une excellente habitude, c'était de ne paffer aucun jour fans s'exercer dans fon attelier ; ce qui tenait toujours dans une tenfion égale fon efprit & fa main.

Né avec une modeftie digne de fon talent, il aimait à louer fes rivaux, lors même que le public atteftait fa fupériorité : il difait publiquement qu'Amphion le furpaffait par l'ordonnance de fes tableaux, & Afclepiodore par la jufteffe du deffin : pour Protogène, le feul Peintre de fon tems qui pût balancer fa gloire, il lui apprit à connaître fes forces, & fut fon bienfaiteur fans être fon tyran.

C'eft à la douceur d'Apelle & à l'aménité de fon carectère, que l'Artifte dut, fans doute, le privilège qu'il eut

d'être admis dans la familiarité d'A-
lexandre : ce Prince, dont il fut toujours
fi dangereux d'être l'ami, defcendait
fouvent dans l'attelier d'Apelle, &
s'éclairait avec lui fur les fineffes de fon
art. On peut juger de fon amitié pour
lui par le trait de Campafpe. Ce Prince,
qui aimait cette jeune Indienne, ordonna à fon Peintre favori de la deffiner
toute nue ; l'Artifte fenfible, ne put
voir de fang froid un pareil fpectacle, &
Alexandre qui preffentit qu'il avait un
rival, eut la grandeur d'ame de lui céder
fa maîtreffe.

Apelle peignit fon bienfaiteur fous toutes les formes & avec tous les attributs
les plus faits pour défigner fa gloire. Le
tableau où il repréfenta le génie de la
guerre, les mains liées derrière le dos &
attachées à fon char de triomphe, eft
celui qui fait le plus d'honneur à fon
génie : pour celui où il en fit un Jupiter
tonnant, c'eft le crime d'un courtifan
adulateur, qu'il faut pardonner à l'en-

thoufiafme de la reconnaiffance.

Apelle pouvait, au refte, fans craindre de concurrens, tranfmettre à loifir les traits d'Alexandre à la poftérité : car ce Prince avait défendu, par une ordonnance, à tout autre Artifte de le peindre ; il ne voulait point proftituer à des pinceaux vulgaires, la figure du vainqueur d'Arbelles & du conquérant de Babylone.

A la mort d'Alexandre, Apelle perdit plus que perfonne, parce que fon intimité avec ce Monarque, avait irrité la jaloufie de tous fes Capitaines. Ptolemée fut celui qui prit le plus d'ombrage de fa faveur ; auffi quand ce Prince commença à régner, tout le monde crut Apelle perdu : l'orage vint de la part d'un Artifte moderne, qui avait ofé fe croire fon rival. Il l'accufa auprès du nouveau Roi, non d'avoir fait un mauvais tableau, mais d'avoir confpiré contre fa perfonne. Ptolemée allait faire trancher la tête à l'accufé, quand on découvrit son innocence : ce Prince alors oublia jusqu'au tort que l'Artiste avait eu de l'avoir supplanté dans la faveur d'Alexandre ; il le combla de bienfaits, & fit livrer entre ses mains son accusateur. Apelle se vengea de l'imposteur, non en homme de loi, mais en homme de génie : il peignit Midas sur son trône, environné du soupçon & de l'ignorance, la calomnie s'approche , tenant de la main gauche une torche allumée, & de l'autre traînant par les cheveux un jeune homme éploré , qui n'a que le ciel pour témoin de son innocence ; devant cette furie marche l'envie, au tein plombé, & aux yeux louches , accompagnée de la fraude & de l'artifice , qui parent la calomnie pour la rendre plus séduisante ; derrière paraît le remord , sous l'emblême d'une femme en deuil , vêtue d'une robe déchirée , qui semble appeller à grands cris la vérité (*a*) ; tel est ce

____

(*a*) Lucian, *de temerè non credendo calumniis,*

fameux tableau de la calomnie , chef-d'œuvre de compofition & d'ordonnance , qui tant que l'antiquité pût en jouir, dût placer fon auteur à la tête des Peintres, & qui lors même que l'ouvrage s'eft perdu , a dû affurer à l'artifte le titre d'Homère de la Peinture.

Apelle , après avoir peint les Souverains , tenta de peindre les Dieux, & il y réuffit au point d'en faire excufer le culte ridicule , même par des Philofophes.

Apelle ne put deffiner une intelligence célefte , qu'en épuifant dans fon imagination l'idée de ce beau idéal, qu'on ne voit qu'au travers d'un rideau, dans les ouvrages de la nature ; voilà peut-être l'unique point de contaêt que le Peintre d'Alexandre peut avoir avec Raphaël , & c'eft le feul qu'on a oublié, jufqu'ici , dans le parallèle de ces deux grands hommes.

Pline , qui parle de tant de petits tableaux d'A-pelle , ne dit pas un mot de ce chef-d'œuvre.

Diane exerça d'abord le pinceau de notre Artiste ; il la peignit au milieu de ses Nymphes , & dans l'appareil d'un sacrifice ; le même évènement est décrit dans l'Iliade , mais s'il en faut croire les Anciens , la toile d'Apelle rendit mieux cette déesse que les vers d'Homère.

Le chef-d'œuvre du pinceau d'Apelle est sa Vénus sortant des eaux , dans cette attitude enchanteresse que suppose l'ignorance de ses charmes ; on la nommait Vénus Anadyomène : elle fut achetée par Auguste cent talens , plus de 540000 livres de notre monnaie ; la partie inférieure s'endommagea bientôt , par l'humidité de la galerie où on la déposa , & aucun Artiste n'eut la hardiesse de la retoucher ; cet enthousiasme superstitieux fit périr le tableau tout entier, sous le règne de Néron.

Toute l'antiquité a retenti de l'éloge de cette Venus : on connaît en particulier l'épigramme de l'Anthologie qui commence ainsi,

> Voilà cette Vénus fortant du fein de l'onde,
> Dont le pinceau d'Apelle embellit ce féjour ;
> Voyez comme fes doigts, arrondis par l'amour,
>   Expriment de fa chevelure,
>   L'onde qui lui donna le jour.

Une partie du corps admirable de cette Vénus était deffinée fur celui de la Maîtreffe de l'Artifte, car le beau idéal ne fuffit pas pour peindre un être qui exifte dans la nature ; il peut fournir quelques dialogues à Platon, & quelques vers à Homère, mais non l'ordonnance entière d'un tableau à un Peintre. Cette Maîtreffe d'Apelle, qui devint Vénus fous fon pinceau, était, fuivant les uns, la Courtifanne Phryné, & fuivant d'autres, cette beauté Indienne dont il dût les faveurs à la générofité d'Alexandre.

Apelle deffinait toutes fes figures d'après le nud, & ne regardait les draperies que comme l'acceffoire. Un Artifte

étant venu lui montrer une Hélène mal
peinte, mais richement vêtue : *fort bien,*
lui dit-il, *tu l'as faite riche, ne pouvant la
faire belle.* —— Ce grand homme mourut
dans cette Grèce qu'il avait illuftrée
par les chef-d'œuvres de fon pinceau.
Les habitans de Pergame achetèrent des
deniers publics un antique édifice décoré
de fes tableaux, & y fufpendirent le
corps de l'Artifte célèbre, dans un ré-
feau de fils d'or. On alla long-tems
vifiter ce monument, comme fi ç'eût
été la Diane d'Ephèfe & le Temple de
Jupiter Ammon.

PROTOGÈNE (*a*) —— Je crois continuer
l'éloge d'Apelle, en faifant celui de
Protogène ; cet Artifte reftait à Rhodes,
inconnu, ayant la modeftie fimple &
naïve des talens, faifant obfcurement
des chef-d'œuvres, & ne fe doutant

____

(*a*) *Plin.* Hift. natur. lib. 35. cap. 10. *Strab.*
Geograph. lib. 14. *Aul. Gell.* noct. Attic. lib.
15. cap. 3.

pas qu'ils le fuſſent , parce que perſonne ne les prônait comme des chef-
d'œuvres : Apelle vint , apprécia ſon
pinceau , fit rougir les Grecs de leur
indifférence , & commença lui-même la
célébrité de ſon rival.

Une phraſe de Pline , ſur la première
viſite d'Apelle à Protogène , a produit
des volumes entiers de diſſertations de
la part des gens de lettres ; tâchons de
découvrir , dans le texte , la vérité qui
s'échappe au travers des commentaires.

Apelle , en entrant dans Rhodes , ſe
rendit d'abord à l'attelier de Protogène ;
il était abſent ; une vieille femme lui
demanda ſon nom : le voici, dit-il , &
il traça ſur une toile qui ſe trouvait
tendue ſur le chevalet, un trait plein de
fineſſe & de netteté : Protogène , de retour , examine ce trait , & déclare qu'A-
pelle ſeul était capable de le terminer
ainſi ; mais en même tems il prend un
pinceau , & trace , avec une autre
couleur , un trait plus fin encore : il

recommande à la vieille de dire à l'étranger, quand il reviendrait, que la réponfe eft fur la même toile, & il reffort; Apelle revient en effet, & honteux de fe voir furpaffé, il coupe les deux traits avec une troifième couleur, & ce dernier deffin fe trouve le chef-d'œuvre de la liberté & de la délicateffe : Protogène alors s'avoue vaincu, & vole au port de Rhodes, chercher fon Maître; on conferva long-tems cette toile, quoiqu'elle ne contînt que des traits qui échappaient à la vue; mais cet événement lui avait donné un prix que n'avait pas un des chef-d'œuvres de la Peinture : elle fut brûlée plufieurs fiècles après, dans un incendie du Palais des Céfars (*a*).

(*a*) Cette idée de deffiner de fimples traits colorés, & de les couper enfuite par un autre, ne donne pas d'abord une grande idée du génie des deux Artiftes; auffi elle a fourni au Taffoni & à Perraut le fujet de quelques épigrammes; cependant, fi on entend par le *linea fummæ te-*

Ce fut Apelle qui mit Protogène en réputation à Rhodes : ses concitoyens le dédaignèrent , comme c'est l'ordinaire, par la seule raison qu'il était leur concitoyen : Apelle demanda à cet Artiste quel était le prix qu'il mettait à ses tableaux , & sur son extrême modicité , il les fit monter tout de suite à cinquante talens ; en même tems il fit répandre le bruit qu'il les achetait pour les revendre , comme s'ils étaient son propre ouvrage ; les Rhodiens ouvrirent alors les yeux sur le mérite de Protogène , & achetèrent ses tableaux , au prix qu'on doit mettre aux ouvrages de génie.

Apelle ne se démentit point dans ses

nuitatis per tabulam , le contour d'une figure , le problème est plus aisé à résoudre ; il est certain qu'il y a un art de dessiner ces contours qui constitue la correction : tous les grands Maîtres ne les dessinent pas de la même manière ; le dessin coulant de l'Albane , n'est pas le dessin hardi du Tintoret, ni le dessin dur du Caravage.

procédés sublimes, lors même que la
gloire de Protogène put lui donner de
l'ombrage ; il continua à publier les talens de son rival, & ne se réserva de
supériorité sur lui, qu'en ce qu'il mettait beaucoup moins de tems à donner
le dernier fini à ses ouvrages.

Protogène initié dans tous les mystères
de son art, ne voulait point qu'on sa-
crifiât, dans un tableau, le sujet principal à l'accessoire. Il y avait, dans son
Satyre qui repose, une perdrix peinte
avec tant de vérité, que des perdrix
véritables l'appellaient par leur chant:
Protogène voyant que le public admirait plus cet oiseau que le Satyre, prit
son pinceau & l'effaça ; il aurait dû,
peut-être aussi, effacer le Satyre, car il
était sûrement mal fait, puisqu'il ne faisait pas peur aux oiseaux.

Le chef-d'œuvre de Protogène est son
fameux tableau de Jalyze, Fondateur
de Rhodes, & petit-fils du Soleil, qui
lui coûta sept ans de travail : pendant

tout ce tems, il ne vécut que de légumes trempés dans l'eau, afin de conferver toute la fineffe de fon imagination ; auftérité bizarre, qui n'eft bonne ni à imiter, ni à croire.

Il y avait dans ce tableau un chien haletant, dont le hazard lui apprit à peindre l'écume : défefpéré de ne pouvoir rendre cet effet de la fatigue animale, après avoir plufieurs fois effacé fon trait, & changé de pinceau, il jetta de dépit fon éponge, pleine de couleur, fur la toile, & le hazard fit ce que le talent n'avait pu faire.

Nous avons vu, dans l'hiftoire du fiège de Rhodes, une preuve éclatante de l'eftime que les affiégeans & les affiégés faifaient également du grand talent de Protogène (a) ; cet Artifte célèbre s'éteignit dans une vieilleffe heureufe, dont l'époque ne peut être fixée par la chronologie.

____

(a) *Hift. de la Grèce*, tom. 2. pag. 117.

ARISTIDE (*a*). ─── Ce Peintre, contemporain d'Apelle & de Protogène, mérite ici une place diſtinguée, parce qu'on le croit inventeur de la Peinture encauſtique. Il naquit à Thèbes, & l'air épais de la Béotie ne fit point de tort à ſa brillante imagination : Pline prétend qu'il fut le premier qui mit de l'expreſſion dans ſes tableaux ; on ne peut s'empêcher, en effet, d'être ému à la deſcription de celui où cet Artiſte a repréſenté, dans le ſac d'une ville, un enfant ſe traînant à la mamelle de ſa mère, qui expire, & qui tremble que ſon fils ne ſuce du ſang, au lieu de lait : Alexandre jugea ce tableau digne de lui, & à la priſe de Thèbes, il le fit tranſporter dans ſa Capitale.

On peut juger de la célébrité d'Ariſtide, par le prix qu'on mettait à ſes tableaux : il vendit à un Mnaſon, tyran d'Elatée, ſon grand tableau de la bataille

---

(*a*) *Plin.* Hiſt. natur. lib. 35. cap. XI.

des Grecs contre les Perfes , environ 70000 livres de notre monnaie ; on lui avait promis 700 livres par figures , & l'Artifte y deffina cent perfonnages.

Le chef - d'œuvre d'Ariftide était un Bacchus, fi célèbre dans la Grèce, qu'on difait en proverbe , *cela eft beau comme le Bacchus ;* à la prife de Corinthe , Attale voulut l'acheter , & offrit au vainqueur une fomme immenfe ; Mummius, qui était ignorant dans les arts, comme prefque tous les Conquérans , foupçonna une vertu fecrette dans ce tableau , & le porta à Rome, pour être placé à côté d'un autre talifman , qu'on appellait le Palladium.

Attale fut plus heureux dans l'achat d'un autre tableau d'Ariftide , qui exprimait une paffion languiffante ; il en offrit le même prix qu'Augufte donna dans la fuite de la Vénus d'Apelle , & l'obtint , parce qu'on n'y foupçonna point de fortilège.

Le dernier ouvrage d'Ariftide fut une

Iris, qu'il laiſſa imparfaite, & qui n'en fut pas moins admirée ; on aimait à deviner par quelques traits fugitifs la penſée de l'Artiſte, & on regrettait naturellement la main qui s'était glacée, dans le moment où elle produiſait ſon chef-d'œuvre.

Quand à ſa découverte de la Peinture encauſtique, Pline n'en dit qu'un mot en paſſant ; cet art de colorier la cire & de l'employer comme les couleurs de la Peinture à l'huile, a été long-tems un ſecret, & c'eſt la faute de l'Hiſtorien de la nature, qui oubliait, à chaque page de ſon Encyclopédie, qu'il travaillait pour la poſtérité.

DE LA SCULPTURE

DANS LE BEAU SIECLE

DE LA GRECE.

La filiation des idées des Sculpteurs Grecs a été indiquée dans l'histoire de la Peinture.

Cette histoire de la Peinture a été traitée avec étendue, parce que les ouvrages des Grecs, en ce genre, ne subsistent plus ; nous avons été obligés de nous traîner péniblement de conjectures en conjectures, pour concilier la mauvaise théorie de l'art que nous a laissé l'antiquité, avec son enthousiasme pour les Artistes ; mais nos vues sur la Sculpture ne sçauraient être trop rapides, parce que plusieurs des beaux monumens du siècle d'Alexandre s'étant conservés, le génie qui y étincelle de toutes parts , indique bien mieux que de vains traités , la marche de l'esprit humain. A cet égard , l'histoire de la Sculpture Grecque ne doit être , pour l'homme de goût , que la vie des Artistes , & la vue de leurs chef-d'œuvres.

La Sculpture Grecque , en se proposant l'imitation des surfaces des corps animés , ne songea d'abord qu'à atteindre leur ressemblance , & elle y réussit , à cause des belles formes que la nature prodiguait sous le beau ciel du Péloponèse , & de la facilité qu'elle avait à les voir sans voile, dans les grands spectacles nationaux , & dans les Gymnases.

Mais la ressemblance n'est qu'une beauté froide , sur-tout dans la Sculpture , qui n'a point le prestige des couleurs , pour mettre une sorte d'intérêt dans cette vérité d'imitation : alors on imagina de saisir la nature , dans le tems qu'elle était animée ; d'exprimer sur le marbre , ou sur le bronze , les passions qui nous maîtrifent ; & ce pas , qu'on fit faire à l'art , fut vraiment un pas de génie ; ce talent admirable de vivifier, comme Prométhée , un bloc informe , qui attend fon ame du cifeau qui l'organife , caractérife fur-tout les Artiftes du fiècle d'Alexandre. Il n'eft point d'acteur fur la fcène , qui parle au cœur plus éloquemment que le Gladiateur mourant , ou le grouppe de Laocoon.

Les Grecs atteignirent enfin au fublime de l'art , en compofant leurs ouvrages de ce beau naturel que préfentent les formes heureufes du corps humain dans fon adolefcence , & de ce beau idéal que le génie preffent dans les êtres fupérieurs qu'il divinife. L'Apollon du Belvedère eft , en ce genre, le chef-d'œuvre de l'efprit humain , & n'a été imité que de loin, dans le fameux Moyfe de Michel Ange.

Un des grands moyens des Grecs pour atteindre les dernières limites de la perfection , eft la noble fimplicité qui

règne dans l'ordonnance de leurs chef-
d'œuvres ; point de ces contraftes trop
recherchés qui fatiguent l'œil plus qu'ils
ne l'étonnent ; ils fçavent opérer de
grands effets avec de petits reflorts, &
ils amènent doucement à l'enthoufiafme,
plutôt qu'ils ne le commandent.

L'unité d'action & d'intérêt qu'on
apperçoit dans leurs grouppes, & juf-
ques dans les ornemens accefloires des
bas-reliefs, annonce ce goût épuré qui
refpire dans tous les bons ouvrages de
la littérature Grecque , dans l'Iliade
d'Homère , dans les Idylles de Théocrite , & fur - tout dans les Tragédies
d'Euripide.

Aucun Sculpteur n'a repréfenté le
nud avec autant de vérité que les Artiftes Grecs ; il n'y a point de paflage
infenfible dans les formes, point de détails dans le jeu de mufcles , oferai-je
le dire , point de nuances dans la car-
nation , qui ne fe faflè preflentir dans
leurs belles ftatues. L'Apollon , le Gla-

diateur, la Vénus, font à cet égard de vrais traités d'anatomie.

L'étonnante variété des chef-d'œuvres qui nous reftent de l'art Grec, annonce encore la flexibilité du génie qui les a créés ; quel rapport y a-t-il entre l'embonpoint voluptueux de la Vénus fortant du fein des eaux, & les charmes fveltes de la Vénus de Médicis ? la force du Gladiateur n'eft point celle de l'Hercule Farnèfe ; les graces de l'adolefcence, qu'on admire dans l'Antinoüs, femblent tenir à une autre nature que celles qui raviffent dans l'Apollon du Belvedère ; & celles-ci n'ont prefqu'aucun point de réunion avec les graces de l'Hermaphrodite.

Quand les Sculpteurs Grecs ont été obligés de draper leurs figures, ils l'ont fait, en général, avec un goût rare, perfuadés que la nature n'eft vraiment belle, que lorfqu'elle fe montre fans ornemens étrangers ; ils ont fait preffentir le nud qu'on leur demandait voilé, en employant les étoffes les plus tranfparentes, & par cette adreffe ingénieufe, ils ont fatisfait le caprice qui les payait, fans ceffer d'obéir à l'impulfion de leur génie.

La gloire des Artiftes de la Grèce eft d'autant plus grande, qu'ils ont eu plus de difficultés à vaincre. Qu'on fonge que la plupart des Coloffes, que les grands grouppes, tels que celui de Laocoon, étaient d'un feul morceau : il était impoffible que dans un bloc énorme qui reffemblait à une carrière, il ne fe trouvât des fragmens hétérogènes, des veines colorées, qui pouvaient nuire à l'ordonnance générale de l'ouvrage ; mais le cifeau de l'Artifte tirait parti de ces défavantages mêmes, pour en faire éclore des beautés qu'il n'avait point fait entrer dans fon plan primitif. Tout rebelle qu'eft le marbre dans des mains vulgaires, il femblait obéir, quand l'homme qui lui commandait était un Praxitèle, ou un Phidias.

Enfin l'admiration des fiècles doit être à fon comble, quand on fçaura que ces Grecs, contemporains de Périclès & d'Alexandre, en créant l'art, femblent lui avoir fait atteindre, en tous les genres, fes dernières limites: l'argile, le marbre, l'airain & l'yvoire, ont refpiré à la fois fous leur cifeau; ils ont réuffi dans les Coloffes & dans les mignatures, dans les grandes compofitions & dans les figures ifolées des bas-reliefs, & comme le monde des intelligences pures ne fut pas moins acceffible à leur génie, que le globe qu'ils habitaient, fi le tact de l'homme fuffit pour fentir tout ce qu'ils valent, la langue manque peut-être de termes pour l'exprimer.

DES GRANDS SCULPTEURS

DE L'ECOLE GRECQUE (*a*).

BATHYCLÈS. — Cet Artiste, antérieur fans doute aux Sculpteurs de l'âge de Périclès, n'eft connu que par fon trône d'Amyclée, monument célèbre dans l'antiquité, qui avait immortalifé le nom de fon auteur. Paufanias l'avait vu, & l'admiration avec laquelle il en parle, prouve que cet ouvrage, dirai-je de génie, dirai-je de patience, pouvait être cité avec diftinction, avant qu'on poffédât les chef-d'œuvres des Lyfippe & des Phidias.

Le trône d'Amyclée était foutenu en face par les Graces, & derrière par les Heures. L'Artifte avait fculpté en bas

______

(*a*) *Paufanias*, lib. 3. cap. 18. *Plin.* Hift. nat. lib. 34 & 36.

reliefs toute la décoration extérieure :
on y voyait, entre autres, Neptune &
Jupiter, enlevant Alcyone & Taygète,
fa fœur, fille d'Atlas; les travaux d'Hercule ; le combat de Théfée contre le
Minotaure; la défaite de Médufe, par
Perfée; le rapt de Céphale ; les exploits
d'Achille , & l'apothéofe de Bacchus ;
l'intérieur était d'un travail non moins
varié, Bathyclès y avait fculpté le
refte de l'antique Mythologie.

Le trône même était occupé par la
ftatue coloffale du Dieu, qui avait au
moins trente coudées de hauteur ; elle
était d'un goût ruftique ; car, à la ré-
ferve du vifage & des mains, elle reffemblait à une colonne ; auffi cette production de l'enfance de l'art, n'était
point l'ouvrage de Bathyclès ; il s'était
contenté de faire les bas reliefs de fa
bafe. Cette bafe, conftruite en forme
d'autel, renfermait, dit-on, le tombeau
d'Hyacinthe ; auffi l'Artifte y avait-il
repréfenté, avec plufieurs autres aven-

tures mythologiques, le meurtre involontaire de ce Héros, & fon apothéofe.

Ce trône d'Amyclée renfermait une Théogonie toute entière, & à certains égards, fa defcription pourrait fuppléer à la perte des Métamorphofes.

PHIDIAS (*a*). — Il était contemporain de Périclès, & fleuriffait vers l'an 1134 de l'Ere de Paros, qui répond à la première de la quatre-vingt-troifième Olympiade. On nous l'annonce comme prodigieufement inftruit, pour un homme qui ne femblait deftiné qu'à manier le marbre & le bronze, & fes premiers effais l'annoncèrent ; on l'avait chargé, en concurrence avec Alcamène, de faire une Minerve, dont le piédeftal devait être une colonne prodigieufement élévée. Les deux ftatues terminées, on les

______

(*a*) *Plin.* lib. 34. cap. 8. & lib. 36. cap. 5. *Cie.* in orat. cap. 9. *Plutarch.* in Pericl, *Paufan.* lib. 6. Ces écrivains feront nos guides pour les autres Sculpteurs, dont nous avons à écrire l'hiftoire.

expofa au lieu du concours. Celle d'Alcamène avait un fini fingulier dans le
travail, & elle enleva d'abord tous les
fuffrages : pour la Minerve de Phidias,
fa bouche large & béante, fes narines
qui femblaient fe retirer, la rudeffe fauvage de fa phyfionomie, tout aux yeux
d'un vulgaire ignorant, l'empêchait de
foutenir.le parallèle : *Ne prononcez pas*,
s'écria le grand Artifte, *nos ftatues ne
font pas à leur place ;* on éleva alors
tour à tour les deux Minerves fur la
colonne ; toutes les beautés fugitives
de la première difparurent à cet éloi-
gnement, & l'autre mife fous fon vrai
point de vue, reprit toute fa majefté·
Cette lutte, où Phidias avait eu à combattre à la fois, l'ignorance de fon rival,
& celle de fes Juges, tourna à fa gloire ;
fa ftatue fut adoptée, & on renvoya
Alcamène humilié, étudier l'Optique,
& les règles de la perfpective.

Dès qu'une fois le génie de Phidias
fut connu, toutes les villes de la Grèce

s'empreſsèrent à décorer leurs Temples des ouvrages de ſon ciſeau; il travailla avec une fécondité ſingulière, &, ce qui eſt rare, il ne fut jamais au-deſſous de ſa renommée; il vivifia, tour-à-tour, l'argile, le marbre, le bronze & l'yvoire; on lui doit, d'avoir imaginé le premier, cette union admirable du beau idéal avec le beau de la nature, quand il ſculpta des Dieux ou des Héros. dont il fallait faire excuſer à la raiſon l'apothéoſe.

Périclès, qui était à cette époque Souverain dans Athènes, connaiſſant le goût éclairé de Phidias, le nomma ſurintendant des édifices de la République : ce choix fit la gloire de l'Artiſte, & ſes malheurs; Phidias avait placé, dans le Parthénon, une Minerve coloſſale, d'un peu plus de trente-ſix pieds de hauteur; l'ouvrage était d'yvoire, avec des ornemens d'or & de bronze, mélange biſarre, mais dont, à force de talens, le Sculpteur avait pallié la biſarrerie. Quand la ſtatue fut poſée, on accuſa Phidias d'avoir détourné, à son profit, une partie de l'or qui devait entrer dans sa construction, & il fut obligé de démonter la Minerve, pour confondre la calomnie. Nous avons parlé en détail de cette cause mémorable, au commencement de la guerre du Péloponèse (a).

Il semblait que Phidias, vainqueur de rivaux faibles & jaloux, devait respirer en paix dans le sein de cette Athènes, qu'il avait embellie de tant de chefs-d'œuvres ; mais, comme nous avons déjà eu occasion de l'observer, le peuple des démocraties craint presqu'autant le génie qui l'éclaire, que le génie qui le gouverne. On fit un crime à l'Artiste de s'être représenté lui-même, avec Périclès, au milieu de l'égide de sa Minerve, & on punit l'auteur de ce prétendu sacrilège, avec toute la rigueur des loix Sacerdotales ; il fut traîné dans un cachot, & une tradition veut qu'il y ait

____

(a) *Histoire de la Grèce*, tom. V. pag. 308.

été empoifonné, ou du moins, que le chagrin ait avancé fa carrière.

Heureufement, pour la mémoire des hommes d'Etat, contemporains de Périclès, la mort de Phidias, à l'époque fixée par cette tradition, ne peut fe concilier avec la chronologie ; car on le voit, plufieurs années après, jouer un rôle dans l'Elide, & y faire fon Jupiter Olympien, qui a paffé pour une des fept merveilles du monde.

Le Jupiter Olympien, était une ftatue de foixante pieds de hauteur, de la même matière que la Minerve du Parthénon, tenant d'une main un fceptre furmonté d'un aigle, & de l'autre une victoire : l'Artifte avait repréfenté le Dieu, affis fur un trône tout brillant d'or & de pierreries, & s'était plu à décorer la bafe, fur laquelle portait toute la maffe, des plus précieux bas reliefs. Il nous eft difficile d'affeoir un jugement fur ce Jupiter Olympien, parce que, Paufanias qui admire tout ce qu'il voit, en parle, comme Ovide, du Palais du Soleil; mais on ne peut douter, qu'à certains égards, il ne fût digne de fa renommée. Le fiècle de goût où il a été fait, la célébrité de fon auteur, & le fuffrage de la faine antiquité, font à cet égard les garans de notre enthoufiafme.

EUPHRANOR. — On ignore à quelle époque vivait cet Artifte, qu'on ne connaît que par ce que dit Pline, des chef-d'œuvres de fon cifeau ; il y avait beaucoup de ftatues fous fon nom dans la Rome des Céfars , au Temple de la Concorde & au pied du Capitole : il perfonnifia la Grèce & la vertu, dont il fit des Coloffes; fes chars à deux chevaux & les quadriges avaient une grande célébrité. L'homme de goût vantait furtout fon Pâris , donnant la pomme d'or; il y avait, dit-on, tant de génie dans l'expreffion de fa phyfionomie, qu'on y reconnaiffait à la fois le meurtrier d'Achille, l'amant d'Hélène, & le Juge des trois Déeffes , prodige qui , s'il a exiſté, n'a pu être rendu vraiſemblable que par le fameux tableau de Rubens ſur l'accouchement de Marie de Médicis.

Le Pâris que nous avons donné ailleurs (1), quoique d'un bon Artiſte Grec, pour l'enſemble de la compoſition, ne peut être celui d'Euphranor; car ſa tête, loin d'avoir trois expreſſions différentes, à peine en a une ſeule; ce monument, au reſte, a quelque prix dans une hiſtoire de la Grèce, à cauſe de la fidélité avec laquelle l'Artiſte y a rendu le coſtume des Princes Phrygiens.

TELÉPHANE. — Cet Artiſte, né à Phocée, remplit de ſes ouvrages les Temples de la Theſſalie : on le comparait, pour le génie & pour la facilité, avec Polyclète, avec Myron, & avec Phidias; mais il ne jouit pas de toute ſa célébrité, parce qu'il fit ſervir ordi-

____

(a) Voyez *Hiſt. de la Grèce*, tom. II. pag. 235.

nairement fon cifeau au luxe des Xerxès & des Darius : les vainqueurs de Marathon & des Thermopyles s'indignèrent qu'un Grec travaillât pour les Defpotes qui avaient voulu leur ravir leur patrie, & ne pouvant anéantir fes ouvrages, ils rayèrent fon nom de la lifte de ceux qu'ils confacraient à l'immortalité.

LEOCHARÈS. —— Il fe mit tout d'un coup de niveau avec les plus grands Maîtres, par fon Jupiter tonnant, *ftatue fupérieure à tout*, dit Pline, qui, au refte, prodigue dans tous fes éloges ce mot de fupériorité. Peut-être qu'un homme de l'art aurait trouvé fupérieur au Jupiter tonnant de Leocharès, fon Aigle qui enlève Ganymède. On voyait, dit l'hiftoire, cet oifeau fentant le mérite du poids dont il eft chargé, & la grandeur du Dieu auquel il le porte, craindre de bleffer avec fes ferres l'adolefcent à demi-nud, avec lequel il fe perd dans les nuages ; il fallait, au refte, que cette compofition charmante fût bien faite, pour frapper dans tous les ſiècles de lumières , puiſque le Titien , un des rivaux 'du Correge & ¦de Raphael , l'a copiée (mais comme l'homme de génie en copie un autre) dans un de ſes meilleurs tableaux (*a*).

On ne ſçait rien de la vie de Leocharès : ſon Aigle , raviſſeur de Ganymède , s'eſt perdu de bonne heure ; pour le Jupiter tonnant , Rome le montra long-tems , avec admiration , aux étrangers , dans un temple du Capitole.

POLYCLÈTE. — Cet Artiſte , de Sicyone , fleuriſſait vers l'an 1150 de l'Ere de Paros , qui répond à la première année de la quatre-vingt-ſeptième Olympiade. Il eut pour maître Ageladès , qu'il effaça , & pour élève , Myron , qui devint ſon égal : les deux enfans nuds , & jouant aux oſſelets , qu'on vit long-tems

---

(*a*) Voyez la gravure de ce beau tableau de Titien , fait d'après le morceau de Leocharès , à la page 83 du tome 2 de cet ouvrage.

à Rome , dans le Palais de Titus , paf-
faient , au gré de Pline , pour des
ouvrages *fupérieurs* en fculpture. Son
Diadumène ou Adolefcent , ceint d'un
diadême , réunit au mérite de le couvrir
de gloire , celui de l'enrichir à jamais ;
on prétend que cette ftatue fut vendue
cent talens , plus de cinq cens quarante
mille livres de notre monnaie ; elle paffa
fans doute à Rome , car il n'y avait
guères que les vainqueurs du monde en
état de l'acheter.

Les Artiftes mettaient au-deffus de ce
Diadumène , une autre ftatue du même
Polyclète , fi parfaite pour le génie de
la compofition , & pour le fini des détails , qu'on l'appella *la règle* , expreffion
de l'enthoufiafme , qu'il ne faudrait
cependant pas prendre à la lettre ; car
il eft évident qu'une ftatue , toute admirable qu'elle eft , ne peut fervir de modèle
que pour les perfonnages qui ont le
caractère de fa phyfionomie ; affurément l'Apollon du Belvédère n'aurait

pas fervi de règle à l'homme de génie qui fit l'Hermaphrodite, ou le grouppe de Laocoon.

Polyclète méritait peut - être d'être Légiflateur dans fon art, car il s'était toujours montré fupérieur à fes contemporains. Le peuple de Sicyone lui avait un jour commandé une ftatue, & comme fon attelier était ouvert pour fes juges, il écoutait avec une feinte reconnaiffance tous les avis du demi-fçavoir, qui protège le talent : il retouchait à chaque inftant fon marbre, & rectifiait les prétendus défauts qu'on ofait y remarquer. Tout le monde applaudiffait à fa modeftie, mais dans l'intervalle de ce travail, l'Artifte avait fait en fecret, & fur le même plan, une autre ftatue, où il avait donné l'effor à fon génie. Toutes les deux furent expofées le même jour fous les yeux du peuple ; il n'y eut qu'une voix pour condamner la première & pour admirer l'autre : *Eh bien,* dit Polyclète, *ce que vous condamnez eft votre ouvrage, & ce que vous admirez est le mien.*

Parmi les éloges que Pline prodigue à Polyclète, il en est un qu'on trouve singulier, quand on n'est pas un peu initié dans les procédés de la Sculpture : ce grand homme, dit-il, fut le premier qui imagina de faire porter les statues sur une seule jambe ; le Comte de Caylus, qui a tant mérité des Arts & des Lettres, a fort bien expliqué ce texte de l'Historien de la nature ; quand Polyclète a voulu ainsi donner cette attitude aërienne à ses personnages, il n'a pu le faire que dans des statues de bronze, où l'armature suffit pour qu'elles posent sur un point, avec quelque solidité ; l'exécution en serait impossible dans des ouvrages de marbre , ou de toute autre matière , dont on ne pourrait augmenter à son gré, ou diminuer le poids. Voyez le beau grouppe d'Hippomène & d'Atalante , grouppe si svelte, malgré l'embonpoint des personnages. L'héroïne, il eſt vrai, ne poſe que ſur un pied, mais elle a un tronc d'arbre pour appui ; c'eſt ainſi qu'il faut modifier l'éloge de Pline , pour le rendre digne & de lui, & de Polyclète.

MYRON. —— Cet élève de Polyclète, était né à Eleutherie, & avait le droit de bourgeoiſie dans Athènes. On voyait à Rome , dans le Palais de Pompée, ſon Hercule , qu'il faut bien ſe garder de confondre avec l'Hercule Farnèſe : ſon Apollon, qui était encore moins celui du Belvédère, fut enlevé d'Epheſe par Marc-Antoine ; mais Auguſte, ſur la foi d'un ſonge , le rendit à ſes Maîtres ; du moins, c'eſt ainſi que s'exprime Pline l'ancien, qui eſt de tems en tems auſſi crédule , que s'il n'avait pas écrit ſur les arts en Philoſophe.

Myron excellait dans les petits ou-vrages qui ne demandent que le fini de la patience : on parlait beaucoup , en ce genre, du monument qu'il avait élevé à une cigale & à une ſauterelle ; mais ce badinage ingénieux de Sculpture, n'était rien en comparaison de la statue de Théodore de Samos, exécutée par l'Artiste lui-même ; on peut juger de la prodigieuse fineſſe de cet ouvrage, par le char à quatre chevaux, couvert de l'aîle d'une mouche, que le Héros tenait dans ſa main.

C'eſt à ſa géniſſe, ſtatue faite dans les belles proportions de la nature, que Myron doit ſa grande célébrité : cette géniſſe, à qui on pouvait dire, *pourquoi ne marche - tu pas ?* comme Pline de Cortone le diſait du cheval de Marc-Aurèle, a été louée, avec emphaſe, dans pluſieurs épigrammes de l'Anthologie.

LYSIPPE. — Cet Artiſte, de Sicyone, était le contemporain & le favori d'Alexandre ; il travailla d'abord, comme ouvrier ſubalterne, dans la fabrique de l'airain ; mais un Peintre, qui l'entendit raiſonner avec goût ſur les arts, lui conſeilla d'entrer dans la carrière des Polyclète & des Phidias ; & comme dans ſes

premiers effais, le jeune Sculpteur cherchait, en tâtonnant, de quel grand
maître il adopterait la manière : *mon ami,*
lui dit le même Peintre, le plus éclairé
des Mecènes, *ce ne font point des Artiftes*
qu'il faut prendre pour modèle, c'eft la
nature.

Lyfippe fut le plus fécond des Sculpteurs de la Grèce ; Pline compte fix cens
dix pièces forties de fon attelier (*a*),
dont chacune fuffifait, dit-il, pour lui
donner de la célébrité. On fent bien que
l'exécution de fix cens dix ftatues en
marbre, & de grandeur naturelle, ferait
impoffible à un Artifte, quand il vivrait
la longue vie d'Epimenide ; il faut croire
que Lyfippe fit un grand nombre de petits
ouvrages, & qu'il les exécuta en fonte :
comme l'Artifte n'a befoin alors que de
compofer les modèles en cire, ou en
argile, grace à la multitude de bras

(*a*) On lit dans le Pline paradoxal du P. Har-
douin, quinze cens.

fubalternes qu'il employe, pour le moule, pour la fonte, & pour la retouche, il n'eft pas étonnant que de pareils monumens fe multiplient.

Lyfippe perfectionna fon art, par la façon légère avec laquelle il exprima les ondes de la chevelure, & par l'air fvelte qu'il donna à fes figures ; le beau idéal ne lui était point inconnu ; il difait : *les Artiftes qui m'ont précédé, ont rendu les hommes tels qu'ils étaient ; moi, je les rends tels qu'ils doivent être.*

Les ouvrages qui mirent Lyfippe dans la première claffe des Sculpteurs, furent fes ftatues d'Alexandre ; on fçait que le Héros, qui fe connaiffait en goût, plutôt qu'en gloire, ne permit qu'au pinceau d'Apelle, & au cifeau de Lyfippe, de faire paffer fes traits à la poftérité. Les meilleurs morceaux de ce genre, qu'exécuta Lyfippe, furent tranfportés à Rome par Metellus, après la conquête de la Macédoine. Néron acquit le chef-d'œuvre de ces Alexandres, & comme il n'était que de bronze, le tyran crut en relever l'éclat, en le faifant dorer. Le fini du travail difparut alors, fous cet ornement étranger ; il fallut enlever la dorure, &, malgré les veftiges de la double opération, elle recouvra, aux yeux des gens de l'art, une partie de fa beauté primitive.

Le plus extraordinaire des ouvrages de Lyfippe, je ne dis pas le plus beau, fut fon Jupiter coloffal, deftiné pour une Place publique de Tarente ; il avait un peu plus de cinquante-fix pieds de hauteur, & telle était la jufteffe de fon équilibre, que la main d'un homme fuffifait pour le faire mouvoir. Pline, fans doute, entend par-là qu'on pouvait fans peine, préfenter le Coloffe fous tous fes points de vues ; car, pour le faire marcher, il aurait fallu une machine d'Archimède.

PRAXITÈLE. — Cet homme de génie fleuriffait vers l'an 1218 de l'Ère de Paros, qui répond à la première année de la cent quatrième Olympiade. Il fut le Sculpteur des Graces, comme Anacréon en était le Poëte : d'abord il méconnut son talent, & remplit la Grèce de statues qui ne demandaient que de la vigueur ; tels étaient son Satyre, son grouppe d'Harmodius & Aristogiton, les libérateurs d'Athènes, & son enlèvement de Proserpine.

Praxitèle avait une foule de rivaux dans ce grand genre ; il aima mieux en adopter un moins brillant, mais où personne ne put lui disputer la première place, & il consacra son ciseau à rendre la Beauté & l'Amour.

On citait de Praxitèle, avec enthousiasme, sa Grecque qui entrelasse des couronnes, & sa Courtisanne, qui sourit. Cette dernière était la fameuse Phryné, maîtresse du Sculpteur ; on trouvait, dit Pline, dans l'expression de sa beauté, l'amour dont Praxitèle était enyvré ; & dans son souris, sa récompense.

Phryné était la célèbre Courtifanne
qui avait offert de rebâtir Thèbes à fes
frais, à condition qu'on mettrait fur une
des portes de la Ville : *Alexandre m'a
renverfée, & Phryné m'a rebâtie.* Elle aimait Praxitèle, non parce qu'il était un
bel homme, mais parce qu'il était Praxitèle. Cet Artifte lui avait permis de
choifir, parmi fes ouvrages, le morceau
qui lui paraîtrait le plus achevé, mais
il ne lui avait point dit fon fecret : la
Courtifanne, pour le lui arracher, fei-
gnit que le feu était dans fon attelier;
alors Praxitèle s'écria : *fauvez mon Cupidon & mon Satyre.*

Phryné choifit le Cupidon, & amie
éclairée des arts, elle plaça ce monument, non dans fon boudoir, mais dans
un Temple de fa patrie.

Ce Cupidon de Phryné, fut confumé
à Rome dans un incendie, quelque tems
avant le voyage fait en Grèce par Paufanias ; & quand on a dit qu'on l'avait
retrouvé quatorze cens ans après dans

Mantoue , on n'a fait que répéter un conte fait au Préfident de Thou , qui a paffé dans les ouvrages du fage Rollin , pour reparaître , fous une nouvelle forme , dans l'Encyclopédie.

Praxitèle mit le comble à fa gloire , par fes deux Vénus; l'une était nue , & l'autre drapée : les Infulaires de Cos , à qui l'Artifte en donna le choix , préférèrent la dernière , comme la plus décente ; & la ville de Gnide , moins fcrupuleufe , prit l'autre , pour en faire l'ornement du premier de fes Temples : il fallait que cette Vénus , fans voile , fût le type même de la volupté , puifqu'à en croire Pline & Lucien , un Grec , d'une imagination exaltée , en devint amoureux , & qu'ayant trouvé le moyen de s'introduire la nuit auprès d'elle , il réalifa , autant qu'il était en lui , la fable abfurde de Pigmalion.

Ce conte de l'antiquité , a été répété dans nos tems modernes : on place la fcène dans la Bafilique de Saint-Pierre de Rome, & on prétend que la Vénus qui amena ce crime étrange, était une figure à demi nue, du tombeau de Paul III, fculptée par un élève de Michel-Ange.

Un Nicomède, Roi de Bythinie, offrit aux habitans de Gnide, de payer toutes leurs dettes, s'ils voulaient lui céder la Vénus fans voile de Praxitèle ; & ils aimèrent mieux refter pauvres, que de fe défaire d'un monument de génie, fans lequel leur Ville était dévouée à une éternelle obfcurité.

CÉPHISODORE. — Il était fils de Praxitèle, & l'héritier de fon génie : on poffédait de lui, à Rome, un grand nombre d'ouvrages eftimés, tels qu'une Latone, dans un Temple du Mont Palatin ; une Vénus, dans le Palais de Pollion ; & une Diane, avec une Efculape, dans le portique d'Octavie. Toutes ces ftatues étaient effacées par un grouppe, qu'il avait envoyé à Pergame, ouvrage excellent, dit Pline, & où les doigts des figures étaient exprimés plutôt fur de la chair que fur du marbre. Le fçavant Hiftorien des arts ne parle pas du chef-d'œuvre de Cephifodore, de fon grouppe des Lutteurs, qui fubfifte encore dans Rome, & qu'on voit gravé dans le chapitre de *la Lutte & du Pugilat* de notre hiftoire de la Grèce (*a*). Il oublie auffi de nous donner le plus léger détail fur la perfonne du fils de Praxitèle.

AGASIAS. —— Par une étrange bifarrerie de l'hiftoire, on fçait à peine le nom des grands Artiftes Grecs, dont les monumens ont échappé à la lente deftruction des fiècles. Pline & Paufanias ont raffemblé bien des contes populaires, pour illuftrer des hommes médiocres, qui ne pouvaient avoir un moment d'exiftence que dans les ouvrages de leurs Hiftoriens, & ils fe taifent fur les hommes de génie qui ont fait le Gladiateur, l'Hercule Farnèfe, & le grouppe de Laocoon.

____

(*a*) Tome IX- pag. 77.

Agasias, fils de Dosithée, & né à Ephèse, est un de ces hommes célèbres qui a eu à se plaindre du caprice des dispensateurs de la renommée. On doit, à son ciseau, le Gladiateur de la vigne Borghèse, un des chef-d'œuvres de l'ancienne Sculpture, qu'on a copié dans les Palais de presque tous les Rois de l'Europe (*a*).

GLYCON. — On ne sçait rien de lui, sinon qu'il était d'Athènes ; mais la postérité n'a pas d'autre tribut à lui demander, que son Hercule Farnèse, production immortelle de son ciseau, qui, malgré le silence des Pausanias, & des Pline, le met à côté des Praxitèle & des Phidias.

SCOPAS. — Cet Artiste, ainsi que notre Michel-Ange, réunissait au talent de Sculpteur celui d'Architecte, & comme sa gloire tient sur-tout à la construction du tombeau de Mausole, nous

______

(*a*) Ce Gladiateur est gravé à la page 79 du tome IX de cet ouvrage.

ne parlerons de lui que lorfque nous décrirons cette merveille du monde.

CLÉOMÈNE. — Ce grand homme, auffi inconnu par lui-même, que les auteurs du Gladiateur & de l'Hercule Farnèfe, a cependant créé la Vénus de Médicis, un des ouvrages les plus faits pour marquer les dernières bornes de l'efprit humain en fculpture.

L'infcription qui eft fur la bafe de ce chef-d'œuvre, annonce que fon auteur était fils de l'Athénien Apollodore. Pline, qui a oublié ce fils immortel, parle du père, homme très-renommé dans l'hiftoire de l'art; c'était, à l'en croire, un Sculpteur qui n'attachait de prix qu'à la correction du deffin; comme il était toujours mécontent de fes ouvrages, il ne faifait guères de ftatues que pour les brifer. Silanion lui fit l'honneur de le fculpter en bronze, & pour exprimer fon caractère dans fa figure, il en fit moins un homme que le génie de l'emportement.

On ne s'attend guères que ce génie de l'emportement ait donné naiſſance à l'Albane de la Sculpture, au génie heureux qui a exprimé, avec les graces les plus touchantes, la Déeſſe de la beauté.

POLYCLÈS. — Ce n'eſt que par conjeĉtures, qu'on peut faire cet Artiſte contemporain de Cléomène. La Sculpture lui doit le fameux Hermaphrodite de la vigne Borghèſe, le compoſé le plus voluptueux des graces d'un ſexe, & de la vigueur de l'autre; nous l'avons donné gravé, dans la vie de Tireſias (a).

ZÉNODORE. — Ce Sculpteur, qui ferma, pour ainſi dire, l'Ecole célèbre des Cléomène & des Phidias, avait été enfouir ſon talent dans une petite Ville des Gaules : c'eſt-là qu'il jetta en fonte ſon Mercure, qui lui coûta dix ans de travail. Néron le fit venir à Rome, & lui ordonna de le ſculpter lui-mênre en airain. Pline fait entendre que l'Artiſte

____

(a) *Hiſtoire de la Grèce*, tome 3. page 53.

jetta alors en fonte un coloffe de cent dix pieds de hauteur ; mais un pareil procédé paraît auffi impoffible aux gens de l'art, que la fculpture du mont Athos en ftatue d'Alexandre ; il eft probable que quand un Coloffe paffait une certaine hauteur, on le formait de pièces de rapport. Quoi qu'il en foit, après la mort du tyran de Rome, on coupa la tête du Coloffe de Zénodore, & on lui fubftitua celle du Soleil.

APOLLONIUS & TAURISCUS. — On ne nous a guères tranfmis que le nom de ces deux Artiftes célèbres, à qui nous devons le fameux grouppe connu fous le nom de Taureau Farnèfe, & qui repréfentant une des anecdotes les plus tragiques de l'ancienne Thèbes, a trouvé fa place dans l'hiftoire de cette Monarchie (a).

Apollonius & Taurifcus étaient les

____

(a) La gravure du Taureau Farnèfe, fe voit à la page 25 du tome 3 de cet ouvrage.

fils d'Apollodore, mais comme ils avaient été élevés dans l'attelier du Sculpteur Menecrate, ils appellèrent ce dernier leur père. Cette nouvelle généalogie, dont Ie génie feul produifait les titres, eft atteftée par l'infcription du Taureau Farnèfe.

Le Taureau Farnèfe, ainfi appellé, parce qu'il eft dans un Palais appartenant aux Farnéfe, repréfente Zethus & Amphion, qui attachent Dircé à un taureau indompté, pour venger l'efclavage de leur mère Antiope. Ce grouppe, quoiqu'il ait douze pieds de haut, & plus de neuf de large, eft tout entier d'un feul bloc de marbre. Il ne faut pas croire que ce monument, malgré fa célébrité, foit d'un bon ftyle, comme l'Hercule, la Vénus, ou l'Apollon du Belvédère. D'abord la figure froide & drapée, qui eft derrière le Taureau, & qu'on croit Antiope, le Pâtre affis & le chien, forment dans l'action principale une épifode déplacée; il n'y a point de perspective, puisque la figure assise du premier plan, est infiniment plus petite que celles des plans qui le suivent, & ce qui blesse encore plus l'homme de goût, Dircé, par son attitude, semble moins fuir le Taureau, qui menace de la renverser, qu'aller elle - même au-devant de son supplice.

En général, le Taureau Farnèse, malgré les éloges hyperboliques de Strabon, est moins un monument de génie que de magnificence.

Il faut porter peut-être le même jugement, d'un autre groupe du Palais des Médicis à Rome, qui renferme toute l'histoire tragique de Niobé, tuée avec son époux & ses quatorze enfans, par les flèches d'Apollon & de Latone. Cette grande composition, qu'on voyait autrefois toute entière à Rome, dans un Temple d'Apollon, & qu'on conserve aujourd'hui mutilée, dans la vigne de Médicis, malgré la beauté de quelques têtes, ne soutiendrait pas le parallèle

avec quelques grouppes de nos Puget,
de nos Coyſevox, & de nos Girardon;
la tradition s'eſt partagée ſur le nom de
l'auteur de la Niobé; les uns l'attribuent
à Scopas, & les autres à Praxitèle.

AGÉSANDRE, POLYDORE & ATHE-
NODORE. — Ce ſont les noms peu connus dans l'hiſtoire, des auteurs du
grouppe de Laocoon, c'eſt-à-dire de la
plus ſuperbe compoſition qui nous reſte
de l'antiquité. Pline ne connaiſſait aucun
ouvrage de Peinture, ou de Sculpture,
qu'on pût lui préférer. Il eſt impoſſible,
en effet, de porter plus loin l'expreſſion,
que dans ce chef-d'œuvre de l'art. On
voit, dans la figure principale, le ſang
que les morſures des ſerpens ont mis en
efferveſcence, ſe porter avec impétuoſité
aux viſcères; chaque muſcle ſemble en
contraction, & tous les reſſorts de la
nature ſont en jeu, pour montrer la
douleur profonde contre laquelle lutte
la victime, ainſi que le génie des créa-
teurs de ce grouppe.

Au reste, l'ame de Laocoon ne paraît pas toute entière abforbée par la douleur : on croit le voir retirer fon haleine, étouffer fes gémiffemens, & commander à fa poitrine oppreffée, qui s'élève avec effort ; tant la tendreffe paternelle a encore de force fur lui, tant il craint d'augmenter le fupplice de fes fils, par le fpectacle de fes tourmens !

L'âge des enfans de Laocoon eft parfaitement rendu, ainfi que le caractère de douleur qui leur convient. On ne peut rien ajouter à la précifion du trait, & au fini des contours.

L'autel où la fcène fe paffe, eft défigné ingénieufement par les deux degrés de la plinthe, fur laquelle repofe la figure principale.

En général, le Laocoon fera un modèle éternel du beau dans les arts ; encore, comme le dit le célèbre Winckelmann, ce groupe admirable cache-t-il bien plus de traits de génie qu'il n'en dévoile, & on voit que l'entendement du Maître

était encore plus sublime que son ouvrage.

Le grouppe de Laocoon décorait autrefois le Palais de Titus. Pline dit qu'il
était tout entier d'un seul bloc de marbre,
ce qui pouvait paraître ainsi à l'œil, peu
exercé, à cause de l'adresse des liaisons ;
mais les dix-sept siècles qui se sont écoulés depuis cette époque, ont mis à découvert les traces des jointures, & Michel-
Ange était déjà persuadé, de son tems,
que le grouppe était de trois pièces.
Cette observation rend vraisemblable
le concours de trois Artistes, dans l'exécution d'un pareil travail : il paraît que
la figure capitale a été sculptée par Age-
sandre, & que les deux autres ont été
faites à part par les deux fils, Polydore
& Athénodore.

Quand on découvrit ce grouppe, au
commencement du seizième siècle, parmi
les ruines du Palais de Titus, le bras
droit du personnage principal manquait :
on le restitua en terre cuite, dans la per-

fuafion qu'on retrouverait un jour le marbre original. L'Artifte reftaurateur eft, fuivant Winckelmann, le Bernin ; fuivant le Comte de Caylus, Bandinelli, un des élèves de Michel-Ange.

Il eft probable qu'on doit au grouppe d'Agefandre, l'idée de la defcription admirable du Laocoon de Virgile, & peut-être que, fans ce même marbre, le Puget n'aurait fait, ni fon Milon, ni fon Andromède.

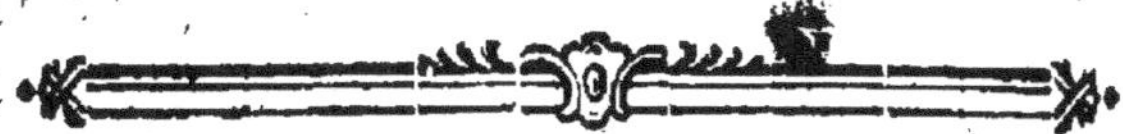

DE L'ARCHITECTURE
GRECQUE. (*a*)

Nous n'examinerons pas par quelle gradation la hutte grossière d'un Pelasge, est devenue la maison riante & décorée d'une Aspasie, ou d'un Alcibiade : car on ne doit envisager les progrès du goût que dans les monumens publics, lorsqu'on écrit une histoire du siècle d'Alexandre.

Rien de plus simple que la pensée primitive des grands monumens de l'architecture. C'est une pierre qui a donné

(*a*) *Vitruv.* lib. 1, 4 & 10. *Plin.* lib. 34 & 36. *Pausan.* passim. *Hérod.* lib. 8. *Strab.* lib. 9. *des ruines de la Grèce*, par M. le Roi, seconde édit. de 1770. *Voyage pittoresque de la Grèce*, de M. le Comte de Choiseul. *Voyages de Richard Pockoke aux Indes Orient.* traduct. Française, tom. 5.

naiſſance au tombeau de Mauſole. C'eſt un arbre qui a été le germe du Parthenon d'Athènes, ou du temple d'Ephèſe.

Les annales Phéniciennes atteſtent que dans les premiers âges, on n'imagina qu'une pierre quarrée, placée ſur une émi nence, pour déſigner aux paſſans la cendre d'un grand homme : cette pierre quarrée ſe tailla à une hauteur prodigieuſe dans une carrière de granit, & voilà l'obéliſ-que. On raſſembla un nombre prodi-gieux de ces pierres quadrangulaires, dont on fit diverſes aſſiſes, élevées dans un ordre toujours décroiſſant, & voilà la pyramide. Le goût grec tira parti de ces maſſes lourdes, qui écraſaient plus qu'elles ne décoraient les campagnes de l'Egypte. Il annonça le monument par un periſtyle, par des urnes cinéraires, par la ſtatue du Héros à qui il était érigé, & voilà le tombeau que la ten-dreſſe conjugale éleva dans Halicar-naſſe à l'époux d'Artemiſe.

Le cèdre, qui élève ſa tête orgueil-

leufe fur les roches fufpendues du Caucafe, ou du Mont-Liban, a été le type
de cette colonne primitive, fans laquelle il n'y aurait peut-être jamais eu
d'architeĉture.

Le comte de Caylus, l'ingénieux auteur des ruines de la Grèce, & d'autres
fçavans eftimables, ont cru qu'une ca-
bane fimple & ifolée avait été l'origine
des temples. Il me femble qu'ils font dans
l'erreur ; c'eft ce cèdre du Caucafe, ou
du Liban, qui, en donnant l'idée de la
colonne, a donné celle de l'édifice facré. Qu'on fe rappelle que le berceau
du monde a été fur les hauteurs de
l'Afie, dans un climat pur & vivifié également par les feux générateurs du foleil. Les premiers hommes qui fe raffem-
blèrent, pour offrir à l'Etre fuprême le
culte de la reconnaiffance, n'eurent
garde d'élever un toît qui leur aurait
dérobé l'afpeĉt du ciel qu'ils venaient
chercher ; tous les temples primitifs
furent découverts : des arbres plantés

très-près les uns des autres, pour interdire l'approche du lieu sacré aux bêtes féroces, en défignèrent l'enceinte ; & on la rendit circulaire, afin que les fpectateurs puffent, de tous les points, voir l'autel placé au centre de cette efpèce de colonnade naturelle : il n'y a donc point de filiation d'idées entre la conftruction de la hutte fauvage & l'élévation du temple de Minerve.

Quand du centre de l'Afie, le culte religieux fe propagea avec les hommes, vers toutes les extrêmités du globe, on fentit qu'à mefure que le ciel devenait moins pur, ou plus froid, il fallait garantir l'autel & les adorateurs, des influences de l'atmofphère ; alors on étendit tranfverfalement des troncs garnis de leurs feuillages, fur les arbres qui fervaient d'enceinte, & le temple ruftique fut couvert.

Les états fe civilisèrent ; les hommes commencèrent à travailler pour les générations à naître, & on fubftitua aux arbres vivans qui fervaient d'appui au toit du temple, des troncs du bois le plus compaɕt, que l'Artifte groffier fculpta avec fon cifeau; c'était un grand pas que l'efprit humain faifait faire à l'architeɕure.

La gradation de l'art, de ce moment, fe preffent fans peine: le tronc d'arbre fculpté conduifit à l'idée de tailler circulairement des quartiers de granit ou de marbre, pour foutenir la voûte d'un édifice: la raifon indiqua la loi des efpacemens, pour rendre plus majeftueux l'enfemble des colonnes, & le goût apprit à la fecouer quelquefois, pour former des périftyles.

Toutes ces connaiffances vinrent à l'Europe, de l'Orient. On ne peut douter, d'après les éloges que fait Diodore, des temples du monde primitif, qu'il n'y eut une architeɕure perfeɕionnée dans la Babylone des Atlantes; architeɕure qui, par l'intermède des Phéniciens, fe tranfmit à la Babylone des Ninus & des

Semiramis, pour arriver de-là au Peloponèfe.

Il y a des Sçavans qui ont voulu faire
honneur à l'Egypte de ces grandes découvertes; ils n'ont connu ni l'Egypte,
ni l'efprit humain. L'Egypte eft un pays
qui doit fon exiftence à la retraite du
Nil, & qui ne nâquit que d'hier, fi on la
compare à la patrie des Atlantes à l'Af-
fyrie, à la Phenicie, à la Perfe, & à
toutes ces contrées, dont l'origine femble
fe confondre avec celle du globe. L'ef-
clave des Pharaons ayant à fe plaindre
également d'une nature marâtre & d'un
gouvernement odieux, ne fit jamais rien
ni pour lui, ni pour la gloire des arts; il
ouvrit fa faible intelligence à tous les
préjugés, & plia fa tête docile au joug
de tous les conquérans; fa peinture ne
fut que l'art des Hyeroglyphes; fa fculpture, la repréfentation lourde & gênée
de fes momies; pour fon architecture,
il n'inventa rien, pas même fes abfurdes
pyramides.

Les ruines les moins mauvaifes qui nous reftent de l'Egypte, font affurément celles de fon temple, ou de fon Palais de Tentyre : car à l'infpection de l'architecture du monument, on peut le prendre également pour l'un ou pour l'autre. Or, comment cet édifice, tracé d'après les idées les plus gigantefques & les plus barbares, a-t-il pu fervir de modèle au Parthenon, ou au temple d'Ephèfe ? Y a-t-il dans la coupe du monument, dans les proportions des colonnes, dans la fculpture des têtes d'Ifis, qui foutiennent l'entablement, une feule idée qui ne faffe fourire de pitié le dernier Elève de nos Servandoni & de nos Michel-Ange ?

L'architecture Egyptienne a toujours été à fon berceau, puifqu'elle n'a jamais imaginé un fyftême régulier fur les ordres. Cette preuve eft de la plus grande force pour les gens de l'art. Il n'en eft pas de même de l'architecture Grecque ; elle a, à cet égard, reculé jufqu'à fes dernières limites, les bornes de l'efprit humain. Tâchons de faifir, dans un point auffi important, la gradation de fes découvertes.

Les premiers Architeêtes de l'Afie mineure, ou du Péloponèfe, qui allèrent étudier dans Tyr, ou dans Babylone, les élémens de leur art, voyant, dans les monumens publics de ces deux Villes, des colonnes de toutes fortes de grandeurs, ne s'aviferent pas d'abord de leur foupçonner des proportions naturelles, & de retour dans la Grèce, ils firent des temples de Tentyre, que le mauvais goût admira, parce qu'il n'avait point de modèles.

L'art fe laffa bientôt de marcher fans principe. Un homme de génie imagina de régler les proportions de la colonne, fur celles du corps de l'homme dans fa maturité; &, de cette idée heureufe, nâquit la détermination de fa hauteur à fix de fes diamètres. Voilà l'ordre Dorique; & ce qui confond toutes nos idées, c'eſt que l'homme de génie qui l'imagina, n'était point un Architeĉte, mais un Souverain. L'hiſtoire en fait honneur à un Dorus, Souverain de l'Achaïe, qui donna ſon nom à une partie des Peuples du Péloponèſe.

L'Artiſte, après avoir pris pour modèle le chef-d'œuvre de la nature dans ſa force, tenta d'imiter ce même chef-d'œuvre dans ſon élégance : alors le corps muſculeux d'Hercule ne fut plus le type excluſif de la colonne ; on lui ſubſtitua les formes arrondies & heureuſes du corps d'Hélène, ou d'Aſpaſie. La colonne de ce moment devint moins maſſive. On lui donna une baſe, d'après la chauſſure élevée des femmes ; on imita leur coëffure dans ſon chapiteau. Voilà l'ordre Ionique qui a ſervi aux plus beaux monumens du ſiècle d'Alexandre.

Enfin, Callimaque voyant un jour un panier couvert d'une tuile, autour duque le haſard avait fait croître des feuilles d'Acanthe , qui se recourbaient sous les angles de la tuile, en composa ce bel ordre Corinthien , dont le chapiteau , décoré de volutes & de plusieurs rangs de feuillages , annonce un monument consacré à la fois au goût & à la magnificence.

Tels sont les trois ordres qu'on regarde, comme la base de l'architecture de tous les siècles & de toutes les nations. On les doit tous les trois au génie Grec. Je ne parle ici ni de l'ordre Toscan , ni de l'ordre Composite; le premier n'est que l'ordre Dorique appauvri ; & le second, dont Rome s'attribuait la découverte, ne paraît qu'un mélange imparfait de l'ordre Dorique & de l'ordre Corinthien.

Nous avons peu de choses à ajouter à ce tableau philosophique de l'architecture des Grecs : les ruines magnifiques qui subsistent encore de leurs anciens monumens , ruines dont la vue est plus faite pour éclairer la postérité, que la

théorie la plus ingénieufe , ont été dé-
crites avec le plus grand foin , dans notre
hiftoire de l'Athènes de Periclès (*a*) :
& fi l'homme de goût , qui n'eft
point initié dans les myftères de l'art ,
voulait en pénétrer tout le génie, il lui
fuffirait de mettre en regard ces ruines
déjà deffinées , avec les monumens
mêmes, reftituées par l'ingénieux Leroy,
d'après les principes de l'architecture.

Le temple de Thefée , bâti fix ans
après la bataille de Salamine, fur les
débris de l'ancien édifice de ce nom,
qu'on éleva, après la victoire du héros
Grec, fur le minotaure, eft un des monumens d'Athènes , dont la décoration
extérieure frappe le plus les regards des
connaiffeurs. On peut juger du goût de
l'Artifte , à qui on doit ce temple célèbre , par la compofition de fa façade (*b*)

Je ferais tenté de croire que DEDALE ,

(*a*) Tome VI. pag. 58.
(*b*) Les ruines fe trouvent au tome VI. p. 82

contemporain de Théfée , & le feul grand Architecte que la Grèce poffédât à cette époque, donna le deffin du premier temple, érigé en l'honneur du rival d'Hercule. Ce Dédale, arrière petit-fils d'Erechtée, fixième Roi d'Athènes, cultivait, avec fuccès, tous les arts connus de fon tems. Il avait un génie fingulier pour les machines ; il était à la fois Peintre , Sculpteur & Architecte : malheureufement fon génie n'avait pas épuré fon ame. Voyant fa renommée balancée par celle de fon neveu, qui, à peine forti de l'adolefcence, avait , dit-on , imaginé la fcie, le tour & la roue des Potiers, dans un accès de jaloufie., il l'affaffina. L'Aréopage, qui devait un grand exemple pour la fûreté des mœurs publiques, condamna l'Artifte coupable au fupplice, & celui-ci, pour s'y dérober, alla demander un afyle dans la Crète, à l'abominable Pafiphaë.

Pafiphaë, la Meffaline de fon fiècle, aimait avec emportement Tauros, le

Secrétaire de Minos, fon époux ; elle promit fa protection à Dédale, à condition qu'il prêterait fa maifon, pour favorifer fes feux adultères, & celui - ci acheta, fans peine, par ce trait de baffeffe, le droit de jetter le voile de l'impunité fur fes affaffinats. La Reine accoucha, en effet, chez l'Athenien, de deux jumeaux, dont un reffemblait à fon mari, & l'autre à fon amant. Ce qui donna lieu à la fable Grecque du monftre, moitié homme & moitié taureau, qu'on connaît fous le nom de Minotaure.

Il s'agiffait de dérober les enfans adultères de Pafiphaë aux regards du Roi de Crète, & Dédale conftruifit à cet effet, fur le plan d'un monument Egyptien, un petit labyrinthe, dont les routes inextricables égaraient tous ceux qui ofaient s'y engager. La fable, dans la fuite, s'empara de ce labyrinthe, comme de celui des Pharaons ; elle dit que le Minotaure qui l'habitait, devint antropophage, & que tous les jours on amenait des victimes humaines dans son repaire sanglant, jusqu'à ce que Thesée vînt en délivrer la Crète, grace à son épée & au fil tutélaire d'Ariane.

Cependant Minos ne tarda pas à connaître son opprobre, & il mit à prix la tête de Dédale ; l'Architecte eut le tems de s'embarquer sur un vaisseau, excellent voilier, dont il avait simplifié la construction, & il cingla vers la Sicile. Le Roi qui régnait alors dans cette isle, accueillit le célèbre transfuge, & lui fit bâtir une forteresse sur la cîme d'un rocher, où, avec une poignée d'hommes, il pouvait se défendre contre une armée entière.

La renommée du constructeur du labyrinthe de Crète, ne tarda pas à s'étendre jusqu'en Italie ; on lui fit bâtir à Cumes le temple d'Apollon, célèbre par ses oracles ; on le pria de réparer celui de Vénus sur le Mont-Eryx ; & c'est probablement à cette époque, qu'Athènes oubliant, en faveur de son talent, le crime de fa jaloufie, l'engagea à donner le plan du temple, qu'elle voulait ériger en l'honneur du vainqueur du Minotaure. On ignore le tems précis de la mort de Dédale ; mais s'il eft vraiment l'Architecte du temple de Théfée, il a dû furvivre de très-peu à la conftruction de ce monument (*a*).

Le temple de Minerve, ou le Parthénon, était antérieur, pour fa première conftruction, au temple de Théfée : car Minerve fut la Déeffe tutélaire d'Athènes, du moment que cette ville fut habitée par des hommes ; mais on ne rebâtit le nouveau avec les débris de l'ancien, brûlé par les Perfes, que fous Periclès. Ce grand homme chargea de ce monument ICTINE & CALLICRATE, qui le bâtirent au centre du rocher de la citadelle.

(*a*) Les détails de la vie de Dédale , qui tiennent à l'hiftoire de la Crète, fe trouvent à la page 141 du tome 3 de cet ouvrage.

Ictine & Callicrate n'achetèrent point, par leurs crimes, la célébrité de Dedale. Ils pafsèrent leurs jours obfcurément dans cette Athènes qu'ils avaient embellie, & leur vie eft toute entière dans l'hiftoire du temple de Minerve. Cet édifice, de 220 pieds de long fur 94 de large, entouré de colonnes ifolées, de 32 pieds de hauteur, & annoncé par un magnifique périftyle, était empreint du génie de fes Architectes : l'homme de goût ne pouvait fe laffer d'admirer fa coupe heureufe, l'élégance de fes proportions, la majefté de fa colonnade & le fini de fes bas-reliefs. Voici fa façade, qu'on peut comparer avec celle du temple de Thefée. Elle a été reftituée fur les ruines mêmes, par un Voyageur éclairé, qui était à la fois homme de lettres & architecte (*a*).

Le temple d'Ephèfe était encore plus

(*a*) Les ruines du Parthenon fe trouvent *Hift. de la Grèce*, tom. VI. pag. 77.

célèbre que le Parthénon, du moins aux yeux du Peuple, qui met la célébrité, non dans les ouvrages du goût, mais dans ceux de la magnificence. Pline, qui nous en a donné l'hiſtoire, prétend qu'on fut 220 ans à le conſtruire. Comme on ne peut pas lui donner moins de 20 ans de durée, depuis ſon entière perfection juſqu'à ſon incendie, le calcul conduit à placer ſa fondation vers l'an 1006, de l'ere de Paros, qui répond à la première année de la 51e Olympiade.

C'eſt à cette époque que fleuriſſait CHERSIPHRON ; cet Architecte dont la vie eſt perdue pour la poſtérité, donna le plan du temple d'Ephèſe ; il le fit d'ordre Ionique, & l'entoura d'une double colonnade. L'édifice avait 425 pieds de long ſur 220 de large. C'était le plus vaſte du monde connu. Les Rois d'Aſie contribuèrent à ſa décoration par 120 colonnes de 60 pieds de hauteur, dont 36 étaient chargées de magnifiques bas-reliefs. A peine l'Orient commençait-il à s'énorgueillir de cette merveille, qu'un fol, nommé Eroſtrate, y mit le feu, uniquement pour ſauver ſon nom de l'oubli. Ce déſaſtre arriva le jour même de la naiſſance d'Alexandre.

Le crime d'Eroſtrate ne dégoûta point l'Aſie, du tribut volontaire qu'elle payait pour augmenter la majeſté du culte de Diane. L'année même où le temple de la Déeſſe fut brûlé, les Rois & les Villes envoyèrent des ſommes immenſes pour le reconſtruire. Les Citoyennes d'Ephèſe, chez qui la vanité nationale parlait plus haut que la petite vanité individuelle, ſi naturelle à leur ſexe, vendirent juſqu'à leurs bijoux, pour en achever les travaux. Au milieu de cette efferveſcence générale des eſprits, les Sculpteurs de la Grèce crurent qu'il était de leur gloire de contribuer, par les chef-d'œuvres de leur ciſeau, à la décoration d'un pareil monument. Les uns envoyèrent des colonnes avec leurs bas-reliefs, les autres des ſtatues. L'autel de Diane, chef-d'œuvre du bon goût, fut un préfent de Praxitèle.

Cependant, malgré la réunion de l'argent des Rois & du talent des Artiftes, le temple d'Ephèfe, au bout de près de trente ans, était à peine élevé de quelques pieds au-deffus de fes fondemens. Alexandre, avide de toute forte de gloire, offrit aux habitans de payer tous les frais de la conftruction de l'édifice, pourvu que l'infcription de la façade n'en fît honneur qu'à lui feul. Ephèfe, que cette propofition humiliait, n'accepta point les dons du Héros, mais elle colora fon refus par une adulation, qui en faifait difparaître l'amertume : *Il n'eft point décent*, dit-elle, *qu'une Divinité érige un temple à une Divinité.* Alors le Dieu qui avait affaffiné Clitus, garda fon or, & ne fongea point à fe venger d'Ephèfe.

Ce nouveau temple fut bâti fur les deffins de CHEIROMOCRATE, qui n'eft connu que par le plan de cette merveille du monde. Il n'en reſte, ainſi que du monument brûlé par Eroſtrate, aucune ruine aſſez conſidérable pour être deſſinée. On eſt donc obligé de faire réflexion que ces deux édifices furent conſtruits au ſiècle d'Alexandre, pour conjecturer qu'on y voyait briller quelques étincelles du génie qui anima les Auteurs des Propylées & du temple de Minerve ; encore ne faudrait-il pas arrêter ſes regards ſur la ſtatue de la Déeſſe, dont on voit une copie antique dans le tréſor de Brandebourg. L'homme de goût regrette que cette eſpèce de momie Egyptienne ait deshonoré, pendant un grand nombre de ſiècles, le fameux autel de Praxitèle (*a*).

Un vrai monument fait pour atteſter aux générations la ſupériorité du génie Grec dans l'architecture, eſt le veſtibule de la citadelle d'Athènes, ſi connu

____

(*a*) On voit cette Diane d'Epheſe gravée au tome XII de cette Hiſtoire.

ſous le nom de Propylées: ce ſuperbe édifice, formé d'un riche périſtyle, qui conduit à cinq portes, & annoncé par deux portiques parallèles, terminés chacun par un maſſif qui ſert de baſe à une ſtatue équeſtre, était l'ouvrage de MNE-SICLÈS, un des élèves & des amis de Phidias. Le revêtement fut, dans l'origine, tout entier du plus beau marbre de Paros. Periclès, qui avait conçu l'idée de ce chef-d'œuvre, employa onze millions de notre monnaie à le faire exécuter. Sa vue, telle qu'un homme de goût nous l'a reſtituée, d'après une étude profonde de ſes ruines, que la harbarie Muſulmanne n'a pas encore tout-à-fait diſperſées, eſt plus faite que les deſcriptions les plus ingénieuſes, pour mettre à portée d'apprécier le goût admirable qui règne, ſoit dans ſon ordonnance générale, ſoit dans ſes détails (*a*).

(*a*) On peut mettre en regard ces Propylées

Dinocrate n'a fait ni les Propylées, ni le temple d'Ephèse, mais il a bâti la plus fameuse des Alexandries; ce qui lui donna autant de droit à la célébrité qu'aux Mnesiclès & aux Chersiphron. Cet Artiste était de Macédoine, & ne pouvant percer, par ses talens, dans un pays peu éclairé, & qui n'avait d'existence que par son Souverain, réduit à ne prendre conseil que de son génie, il se rendit à l'armée d'Alexandre. A peine fut-il arrivé, que s'habillant en Athlète, le corps huilé, la tête ceinte d'une couronne de peuplier, & la massue d'Hercule à la main, il se présenta à l'audience du Héros. La nouveauté du spectacle écarta la foule; il s'approche du trône : « Je suis, dit-il, l'Architecte Di-» nocrate; je viens apporter à Alexandre » des desseins dignes de sa grande ame ». Il s'agissait, comme nous l'avons déjà

---

restituées, avec la gravure des ruines qu'on voit à la page 86 du tome VI de cette histoire.

vu, de faire du Mont-Athos une ſtatue du Vainqueur de Darius. Elle devait tenir dans ſa main gauche une grande ville, & dans ſa droite une coupe où aboutiraient les eaux de pluſieurs fleuves, pour les verſer enſuite dans la mer. Alexandre goûta d'abord cette ingénieuſe extravagance ; mais quand il fallut diſcuter les détails du plan, voyant qu'il n'y aurait autour de la ville aërienne, aucune campagne qui pût fournir du bled pour ſa ſubſiſtance, il l'abandonna. « Je ne veux, dit-il, d'au-
» tres monumens que le Caucaſe, le
» Tanaïs, & la mer Caſpienne, que j'ai
» paſſés en vainqueur, pour atteſter aux
» générations à naître la gloire de mes
» conquêtes ».

Le Héros qui aimait l'adulation, ſur-tout quand elle portait un peu l'empreinte du génie, n'en ſçut pas moins gré à Dinocrate, du plan giganteſque qu'il avait conçu ; il le retint auprès de ſa perſonne, lui fit conſtruire dans Baby-

Ione le fameux catafalque d'Epheftion, & bâtit, fur fes deffins, le fanal de l'ifle de Pharos, le port & la ville de celle de fes Alexandries, qui devint, après fa mort, le centre du commerce de l'univers.

Vitruve, un de nos guides les plus judicieux, acheve le tableau de l'architecture grecque, en offrant à l'admiration des fiècles quatre de fes temples, dont la grandeur étoit la plus impofante; mais à l'exception de celui d'Ephèfe fur lequel nous nous fommes étendus, il ne donne prefqu'aucune lumière fur les plans de ces édifices, fur le génie des Architectes, & fur l'époque de leur conftruction. On ignore à qui on doit le temple d'Apollon à Milet. Celui de Cérès à Eleufis donnerait les mêmes regrets à la curiofité, fi on n'apprenait, en combinant *Strabon* & *Diodore* avec *Vitruve*, qu'il fut l'ouvrage d'Ictine, un des Architectes du Parthènon; qu'on ne l'entoura point dans l'origine d'une

colonnade , & qu'il était affez vafte pour
contenir trente mille perfonnes.

Le Temple de Jupiter Olympien, dans
Athènes , eft le dernier des édifices fa-
crés dont l'Hiftorien de l'architecture
parle avec enthoufiafme. Le fçavant
Pockoke qui croyait en avoir trouvé les
ruines, dit qu'il fut fondé par Deucalion ;
& la raifon qu'il en donne eft affez peu
philofophique. *On voyait* , dit-il , *près de*
ce monument , *un abyme* , *par lequel on*
croyait que les eaux s'étaient écoulées, après
fon déluge. Un abyme , dans lequel un
océan entier fe ferait précipité, ferait un
monument bien plus merveilleux encore que le Temple érigé par Deucalion.

L'abyme de Pockoke n'a jamais exifté :
fon Temple, érigé par Deucalion, n'eft
autre chofe que celui d'une Junon Lucine
que bâtit l'Empereur Adrien , au tems
de la décadence des arts en Europe :
quant au vrai Temple de Jupiter Olympien dont parle Vitruve , il fut commencé par Pififtrate , abandonné après

la mort de cet homme célèbre, en haine
des crimes de sa maison, & achevé feulement trois siècles après, par le Roi de
Syrie Antiochus Epiphane. Le Coffutius,
à qui l'Histoire attribue l'honneur d'avoir
mis le comble à cet édifice, & de l'avoir
décoré d'une colonnade d'ordre Corynthien, était un Artiste Romain, & son
nom ne doit pas entrer dans le tableau
de notre architecture.

Un monument qui, quoique d'un
petit genre, peut servir à donner à
l'Europe moderne une idée de l'architecture grecque, est une tour de marbre, dont six colonnes d'ordre Corynthien soutiennent l'entablement ; les
habitans d'Athènes, accoûtumés à fouler
ses ruines vénérables, l'ont adossé à
une espèce de cloître, d'un goût barbare, & lui ont donné le nom de Lan-
terne de Démosthène, parce qu'on suppose que ce célèbre Orateur s'y enferma
long-tems, pour s'exercer en silence à
la pantomime & à tout le méchanisme

de la déclamation. Ce monument a été restitué, avec goût, par le même Sçavant, qui nous a donné les Propylées & le Temple de Minerve (1).

Le dernier monument que l'homme célèbre songe à élever, est son tombeau ; & la Grèce avait en ce genre divers chefs-d'œuvres, qui serviront à completter l'Histoire de son Architecture.

On a toujours beaucoup parlé, en Orient, du fameux tombeau de Ninus, érigé par Sémiramis. Artemife, qui, à quelques égards, était la Sémiramis de l'Afie mineure, en fit élever un à Maufole, son époux, destiné à balancer la renommée du monument de Babylone. Cet édifice, entouré de trente-six colonnes, & terminé par une pyramide qui portait un char à quatre chevaux, avait foixante-trois pieds de large, dans la face la plus apparente, cent quarante

---

(*a*) Ses ruines fe trouvent à la page 90 du tome VI de cette histoire.

de hauteur, & quatre cens onze de cir-
conférence. Quatre Architectes y tra-
vaillerent à la fois : SCOPAS, BRIAXIS,
LEOCHARÈS & TIMOTHÉE ; & Artemise
étant morte, avant que ce grand ouvrage
fût terminé, un cinquieme (PYTHIS)
fut nommé par le Gouvernement pour
le conduire à sa perfection. C'est à ce
dernier qu'on doit la pyramide qui
couronne le mausolée & le char à quatre
chevaux.

Scopas, le plus fameux de ces Artistes,
réunissait, comme notre Michel-Ange,
le génie de la sculpture à celui de l'architecture ; il décora le Temple d'Ephese
des chefs-d'œuvres de son ciseau, & fit
une Vénus parfaitement nue, que Pline
mettait au-dessus de celle de Praxitele.

Les ruines même du tombeau de Mausole ne subsistent plus (1). Au défaut de

______

(a) Nous avons perdu jusqu'à la description
très-détaillée que Philon en avait faite dans son
Traité *de Mirabilibus.* Le texte de Pline, qui
pourrait y suppléer, a fait naître deux gravures,

cette merveille du monde, nous offrons le tableau d'un mausolée qui subsiste presqu'en entier à Mylase, Ville située dans l'ancien royaume d'Artemise. C'est un édifice de marbre blanc à deux étages, dont le rez-de-chaussée formant un soubassement, était destiné à renfermer la cendre du Héros. Ce soubassement sert de base à une colonnade d'ordre Corynthien, qui soutient elle-même un comble terminé en pyramide. On ignore également le nom de l'Architecte & celui du Héros, auquel le monument a été érigé.

---

une du Comte de Caylus, & une autre du Comte de Choiseul; mais elles ne se ressemblent point, ce qui prouve qu'en étudiant Pline, on n'arrive qu'à d'ingénieuses conjectures.

CONJECTURES
SUR LA MUSIQUE
DES GRECS (*a*).

IL n'y a rien de plus problématique que ce que les Anciens nous ont laiffé fur la Mufique Grecque ; les Dialogues de Plutarque à cet égard font des oracles de Sibylles. Les textes de ce Philofophe, commentés par les Sçavans, peuvent faire naître des volumes dans des Mémoires d'Académie ; mais ils doivent fe réduire à quelques pages, dans une hiftoire des hommes.

Peu nous importe d'abord l'origine primitive de la Mufique ; nous ne dif-

____

(*a*) *Plutarch.* de Muficâ. *Polyb.* lib. 4. *Athen.* Deipnofoph. lib. 14. *Suidas.* Lexic. paffim. *Rouffeau,* Dict. de Mufique. *Differt.* de Burette dans les Mémoires de l'Académie.

cuterons pas fi, comme Platon le prétend, l'homme a appris à modifier fon
gofier, en imitant le ramage des oifeaux,
ou fi c'eft en réfléchiffant fur le fiffle-
ment des vents dans les rofeaux, comme
le fait entendre Diodore. Le chant eft
dans la nature comme la voix, & il
n'eft pas plus permis au Philofophe, de
rechercher comment l'Atlante du Caucafe imagine fa premiere chanfon, que
d'examiner comment il marche ou comment il digere.

Obfervons feulement que chez les
peuples dont la langue eft flexible &
fonore, tout le monde eft Muficien. Ce
principe eft fi vrai qu'en Grèce on chantait jufqu'aux loix nationales, & le *no-
mos*, fi en ufage dans Homère, figni-
fiait également une loi & une chanfon.

Difons plus; il y a des peuples heureufement organifés, chez qui la langue
eft fi heureufement accentuée, qu'on ne
peut guères parler qu'en Mufique. Telle
eft, à quelques égards, la langue des

Chinois ; un feul mot déclamé de trente façons, fignifie trente chofes différentes ; ainfi le meilleur difcours des Lettrés de Pékin, prononcé avec la monotonie Anglaife, ne pourrait s'entendre.

Cet effet, que nous ne pouvons expliquer avec notre langue gothique & nos oreilles barbares, était bien plus fenfible encore, fous le beau ciel du Péloponèfe, qu'à l'extrémité orientale de l'Afie, parce que les fons de la langue Grecque, la première du monde connu, femblaient toujours former entr'eux des intervalles appréciables. La déclamation d'un Athénien était muficale, ou fi l'on veut fa Mufique était déclamatoire.

Ce principe explique, comment le Philoctete de Sophocle & l'Alcefte d'Euripide pouvaient être joués avec un accompagnement de flutes, fans paraître ridicules aux yeux du goût & de la raifon.

Il explique comment un Orphée ou

un Arion compofaient & chantaient à
la fois des airs très-pathétiques, avec
autant d'aifance, que les Improvifateurs
de l'Italie moderne font des fonnets : il
fuffifait à ces Poëtes célèbres d'avoir
un organe flexible, de connaître leur
langue, & de deviner les accens de la
nature.

Il explique comment tous les poëmes
anciens commençaient par le mot, *je
chante* ; ufage que la routine fervile de
tous les poëmes modernes a adopté ;
comme fi Boileau chantait fon Lutrin,
ou Bernard fon Art d'aimer, ainfi qu'Homère chantait fon Iliade !

Les Latins fe traînèrent avec quelques
fuccès fur les pas des Grecs, les Italiens
fe traînent un peu moins heureufement
fur les pas des Latins ; mais pour tous
les autres peuples de l'Europe moderne,
avec leurs fyllabes fourdes & muettes,
leurs inflexions monotones, & leur défaut de profodie, il me femble qu'il leur
eftimpoffible d'avoir, comme à Athènes,

un mélodrame qui leur soit donné par la nature.

Les Grecs commencèrent à s'exercer dans cette Musique simple, qui agit moins sur l'ame que sur les sens, & que l'homme de l'art ne regarde que comme des combinaisons de sons mélodieux. Telle est la Musique des Odes, des Hymnes qui a fait la gloire des Orphée & des Amphion, dans le premier âge de la civilisation du Péloponèse.

Au siècle d'Alexandre, le génie fit faire un grand pas à l'art, en créant une Musique imitative, capable d'agiter l'ame & de lui commander à son gré la gaîté ou l'emportement, le trouble de la terreur ou celui du plaisir : écoutons à ce sujet l'éloquent Auteur d'Emile, qui était fait pour parler en législateur, de l'art dont nous écrivons l'histoire.

« La Musique imitative a des inflexions » vives, accentuées, & pour ainsi dire » parlantes, dont elle se sert pour ex- » primer toutes les passions, peindre

» tous les tableaux, soumettre la na-
» ture entière à ses sçavantes imitations,
» & porter ainsi jusqu'au cœur de
» l'homme, des sentimens propres à l'é-
» mouvoir. Cette Musique, vraiment
» lyrique & théâtrale, était celle des
» anciens poëmes Grecs, & c'est de
» nos jours celle qu'on tente d'appli-
» quer à nos mélodrames. Ce n'est que
» dans cette Musique, qu'on doit cher-
» cher la raison des effets prodigieux
» qu'elle a produit autrefois. Tant qu'on
» cherchera des effets moraux dans le
» seul physique des sons, on ne les y
» trouvera pas, & l'on raisonnera sans
» s'entendre ».

Il est certain que cette Musique imitative, dont notre Europe moderne
n'a commencé à avoir d'idée, que par
les chants admirables des Leo, des
Jomelli & des Pergolèse, peut seule
rendre vraisemblables les merveilles
qu'on attribue à la lyre des grands Artistes Grecs ; Pythagore, dans la joie

tumultueuse d'un festin, voyant quelques-uns de ses convives que les sons mélodieux d'une lyre avaient disposés à l'amour, sur le point de faire violence à la beauté ingénue & timide, se contenta d'ordonner à l'Artiste de substituer au mode Phrygien un mode plus grave, alors ces jeunes Alcibiades rougirent, & l'honneur des Vierges fut sauvé.

Timothée fit la même expérience sur la sensibilité d'Alexandre ; ce Musicien s'accompagna de la lyre, devant lui, sur un mode fier & belliqueux, à l'instant le Héros courut à son épée : il passa, par une transition ingénieuse au mode Lydien, & le Monarque, enivré d'amour, laissa tomber ses armes aux pieds de sa maîtresse.

Cette Musique dramatique des Grecs était portée à un tel point de perfection, dans le beau siècle d'Alexandre, que Platon a écrit qu'on ne pouvait innover dans la Musique, sans innover dans la constitution politique des Etats ; & Aristote, qui semble n'écrire ordinairement que pour contredire Platon, dont la gloire l'importunait, avoue cette influence finguliere de la Mufique fur la morale. On peut ajouter à ces grandes autorités, deux faits qu'on doit à la Philofophie de Polybe. Cet Hiftorien célèbre, obferve que les premiers Rois de l'Arcadie la civilifèrent avec la Mufique, & que les habitans de Cynèthe, ayant négligé cette partie de l'éducation nationale, devinrent peu-à-peu auffi féroces que les fauvages de la Tauride.

Il eft difficile, d'après ce tableau des merveilles de l'art, de croire, avec la plupart des Sçavans, qu'il fût à peine forti du berceau chez les Grecs; s'il eft vrai, comme ils le prétendent, qu'ils ne connuffent ni la Mufique inftrumentale pure, ni cette partie de la compofition harmonique qu'on nomme le contrepoint, qui fommes-nous donc, nous qui, avec la théorie la plus vafte, n'avons que d'hier une Mufique théâtrale, & qui, incapables d'exécuter, avec toutes les reſſources de l'art, ce que les Anciens faiſaient avec la ſimple mélodie, ne ſongeons à nous mettre au niveau des Grecs du ſiècle de Periclès, qu'en les rabaiſſant au degré de notre infériorité?

On nous a laiſſé peu de mémoires ſur les grands Muſiciens de l'antiquité, & ce peu qui nous en reſte eſt encore dénaturé par les fables. Trois des plus célèbres, AMPHION, ORPHÉE & ARION ont déja paru avec quelque diſtinction dans cette Hiſtoire (1), & nous ne préſenterons pas deux fois leurs tableaux dans la même galerie.

TERPANDRE. — Ce Poëte-Muſicien, (& chez les Grecs ces deux talens ne ſe ſéparaient pas) ſe fit connaître, en remportant le prix de ſon art, aux Jeux Car-

______

(a) L'hiſtoire d'Amphion eſt au tome 3. pag. 26. celle d'Orphée au tome 2. pag. 143. & on vient de lire dans le volume précédent la vie d'Arion.

niens, établis à Lacédémone dans la vingt-sixieme Olympiade.

Son talent fut plus d'une fois utile au Gouvernement, s'il est vrai, comme Plutarque le fait entendre, qu'il calmait les séditions dans Lacédémone, en jouant de la lyre. Mais l'Artiste n'éprouva de son Souverain que de l'ingratitude ; car ayant voulu tirer la Musique de la sphère étroite où elle était circonscrite, & ajouter une nouvelle corde à l'instrument qui lui servait à civiliser les Spartiates, les Ephores le condamnerent à une amende comme innovateur. Cette anecdote étrange a été jugée digne, par l'Ecrivain des Marbres de Paros, d'être consignée dans sa chronique, avec les grands événemens de l'Histoire Grecque, tels que la bataille de Marathon, ou la mort de Socrate.

PHRYNIS, né à Mitylene, dans l'isle de Lesbos, remporta le prix de son art, aux Panathenées, l'an 1125 de l'ere de Paros ; mais ayant voulu entrer dans la lice avec Timothée, il foutint mal l'idée que la Grèce avait de fa fupériorité. Phrynis fut un innovateur dans le genre de Terpandre : car n'ayant trouvé que fept cordes à une efpèce de lyre, connue des anciens fous le nom de Cythare, il en ajouta deux nouvelles ; &, par le moëlleux des fons qu'il tira de cet inftrument perfectionné, il fit, dit-on, dégénérer la mufique de fa mâle fimplicité : auffi quand il fe préfenta au concours des artiftes de Lacédémone, avec fes fons efféminés & fa cythare à neuf cordes, les Ephores lui défendirent de corrompre ainfi la ville de Lycurgue. Phrynis retourna alors dans Athènes, qui n'avait point à fe garder d'un pareil genre de corruption.

TIMOTHÉE, le contemporain & l'ami d'Euripide, naquit à Milet, dans l'Afie mineure; il fut fifflé dans fes premiers effais, & répara bientôt, à force de génie & de triomphes, l'opprobre léger que lui avait caufé fa préfomption.

Timothée imita les Terpandre &
les Phrynis dans leurs innovations
muſicales, &, comme eux, il en fut
puni par les Légiſlateurs de Lacédémone. Nous avons déjà eu occaſion,
dans l'hiſtoire des inſtitutions de Lycurgue, de rapporter le décret lancé à ce
ſujet par les Ephores, conſervateurs-nés
des mœurs de leurs concitoyens & de
leur muſique (*a*). Cependant l'article qui
condamnait l'accuſé, à retrancher de ſa
lyre les cordes nouvelles, ne fut pas
exécuté : car au moment où le ſatellite
des Magiſtrats s'avançait pour mutiler
l'inſtrument, Timothée ayant apperçu,
dans la place publique, une ſtatue d'A-
pollon, qui portait une lyre pareille à
la ſienne, pour le nombre des cordes, il
la montra à ſes Juges, & ceux-ci, pour
ne point faire briſer l'inſtrument du
Dieu, permirent à l'Artiſte de conſerver
le ſien.

(a) *Hiſt. de la Grèce*, tomè IV. pag. 236.

Timothée dégrada un peu son art, en mettant un prix à ses leçons : on dit même qu'il se les faisait payer le double, quand on ne s'adressait pas à lui, pour les premiers élémens de la musique, sous prétexte que le grand Maître, qui succède à des demi-Sçavans, a deux peines pour une, celle d'apprendre & celle de faire oublier.

ARISTOXÉNE, né à Tarente, dans la grande Grèce, joignit la théorie de son art à la pratique la plus heureuse. Nous avons encore son livre des *Elémens harmoniques*, le plus ancien ouvrage de musique, qui nous reste des ruines de l'ancien monde. Il y combat le système de Pythagore, qui, dans ses rêveries métaphysiques sur les sons, faisait uniquement dériver des nombres l'art des Timothée & des Arion. Le livre des élémens harmoniques est le seul qu'on nous ait conservé des quatre cens cinquante-trois traités que la compilation de Suidas attribue à Aristoxène.

Comme Ariſtoxène prit des leçons d'Ariſtote, la chronologie doit en faire un des ornemens du ſiècle d'Alexandre.

DE LA POESIE LYRIQUE

CHEZ LES GRECS.

Nous avons vu que l'homme primitif, en façonnant sa main à l'imitation de la nature, était devenu Peintre, Sculpteur & Architecte; il n'eut besoin ensuite que de plier sa voix à des modulations imitatives, pour devenir successivement Musicien, Poëte & Orateur.

La filiation de la poésie par la musique, nous paraît d'abord paradoxale; mais quand on veut franchir l'enceinte de nos idiomes barbares, pour se transporter chez les premiers habitans du Peloponèse, alors le paradoxe disparaît. Toutes les langues heureusement accentuées ont un rithme qui n'est, à des yeux philosophiques, qu'une modification de la mesure musicale. La langue Grecque est sur-tout, en ce genre, le

modèle de toutes celles qui ont exiflé.
Il eft prefqu'impoffible d'entendre un
homme de goût, qui a un bel organe ,
déclamer un fragment de l'Iliade , ou un
monologue de Sophocle , fans croire
qu'il chante : & voilà pourquoi le melo-
drame, qui nous paraît fi abfurde fur nos
théatres modernes , pouvait être fur
ceux d'Athènes l'ouvrage de la nature.

La modulation de langue & la modulation muficale, quoiqu'indépendantes
l'une de l'autre , ont fi bien la même origine, que dans les premiers âges de la
Grèce , tous les Poëtes furent Muficiens :
c'eft cette union admirable qui forme ce
qu'on appelle la poéfie lyrique. Quand
les poémes furent compofés par des
improvifateurs qui s'accompagnaient
réellement de la lyre , ils firent la gloire
des Terpandre , des Timothée & des
Arion , & nous avons dû en parler à
l'article de la mufique : depuis , ces ouvrages furent travaillés avec foin dans
le filence du cabinet ; leurs auteurs dé-

daignant peut-être d'exercer la mufique par eux-mêmes, les firent accompagner par des lyres étrangères ; & c'eft au chapitre de la poéfie, que nous avons dû renvoyer l'hiftoire des Pindare, des Sapho & des Anacréon.

Le poëme lyrique, tantôt eft l'ouvrage d'une imagination exaltée par l'enthoufiafme, qui chante d'un ton élevé Dieu, la nature ou les Rois; tantôt prenant un effor moins fublime, il exprime la douce rêverie d'une ame légèrement émue par le plaifir, ou s'il s'échauffe, c'eft pour rendre le délire de la joie & l'ivreffe de l'amour. Ces deux caractères du poëme lyrique, conftituent l'ode Pindarique, ou l'Hymne, & l'ode Anacréontique, ou la Chanfon.

TYRTÉE (*a*), un des plus anciens Poëtes lyriques dont l'ennemi des fables

____

(a) *Suidas.* Lexicon. *Paufan.* in Meffen. in Lacon. &c. *Herod.* lib. 5. *Elian.* hift. diverf. lib. 13. *Athen.* deipnofoph. *paffim.*

puiſſe écrire l'hiſtoire, était un boîteux d'Athènes, qui y exerçait la profeſſion obſcure de Maître d'école : il dût ſa gloire à ſon génie & ſa fortune à un oracle ; la Pythie de Delphes avait déclaré à Lacédémone, humiliée par les exploits d'Ariſtomène, que c'était d'Athènes que devait ſortir ſon libérateur. La ville de Solon, peu jalouſe de ſervir l'orgueil de ſa rivale, au lieu de lui envoyer un Général, lui envoya un Maître d'Ecole ; heureuſement ce Maître d'école avait du génie ; il fit des odes ſublimes pour la nouvelle patrie qu'il était chargé de défendre, & échauffa ſi bien ſes guerriers par ſes Iambes & ſes Anapeſtes, qu'il leur fit preſqu'imaginer qu'ils n'avaient pas été battus à Stenyclare. Sparte, par reconnaiſſance, inſcrivit le Poëte libérateur, au nombre de ſes Citoyens.

On attribue à Tyrtée, outre cinq livres de chants guerriers, auxquels il dut ſa réputation, des préceptes en vers

élégiaques, & un traité fur le gouvernement de Lacédémone : il ne nous refte
que quelques fragmens de fes chants
guerriers, dont le grand mérite eft dans
le rythme Grec, & que par conféquent
aucune langue moderne ne doit avoir
l'audace de traduire.

STESICHORE, né à Hymère, dans la
Sicile, chanta des Héros guerriers, &
mit, pour ainfi dire, fa lyre au niveau
de la trompette de l'Epopée. On difait,
dans l'antiquité, que ce Poëte avait
perdu la vue, pour avoir fait des épigrammes contre Helène, & qu'il ne
l'avait recouvrée qu'en chantant la pali-
nodie: ce conte oriental nous a été tranfmis par le crédule Paufanias.

ALCÉE, né à Mitylène, dans l'ifle
de Lesbos, réuffit affez dans le genre
lyrique, pour donner fon nom à
un vers d'un rythme particulier, qu'on
appella le vers Alcaïque. Il n'aimait pas
les fages qui pouvaient l'éclairer : car
tant qu'il vécut, il déchira, dans fes

fies, Pittacus, le Philofophe couronné de Lesbos, qui le punit cruellement de fes fatyres, en ne paraiffant pas s'en appercevoir. Cet Alcée fi audacieux, quand il s'agiffait de venger fa vanité humiliée, ne fut qu'un lâche, quand il s'agit de défendre fa patrie. Un jour de bataille, il jetta fes armes avant la mêlée, & prit la fuite. Rome, qui eut un Alcée dans Horace, en louant les mêmes talens, eut à lui pardonner la même faibleffe.

PINDARE nâquit à Thèbes, vers le tems où Athènes gémiffait fous la tyrannie de la famille de Pififtrate. Ce Poëte, dont la vie eft ignorée, mais dont les ouvrages ont une célébrité, que la philofophie n'explique pas encore impunément, confacra fa lyre à l'éloge des Athlètes, vainqueurs dans les jeux de la Grèce. Horace qui l'avait pris pour modèle, & les Critiques modernes qui répètent Horace, ont épuifé, pour le louer, le champ des comparaifons. Ici

c'eft un torrent impétueux, qui ren-
verfe toutes les barrières qu'on lui oppofe ; là c'eft un cygne qu'un élan impétueux fait perdre dans les nuages ; ailleurs c'eft un géant aîlé, dont la trace
eft infenfible, qui ne s'appuie que pour
s'élancer, & qui voit fa route marquée
par le génie, entre le ciel & la terre. On
voit bien que les enthoufiaftes de Pindare parlent fa langue, pour mettre plus
de prix à fonéloge. Cependant fi ce Poëte
Thebain a été après Homère le plus fublime des Grecs, fa fublimité du moins
paraît déplacée, puifqu'il ne l'a confa-
crée d'ordinaire qu'à louer des Athlètes,
des conducteurs de chars & des chevaux. On peut ajouter que fa hauteur
eft plus dans la pompe des mots, que
dans la grandeur des images. Je ne parle
pas du défordre de fes idées & de leur
incohérence, parce qu'on en fait une des
beautés de l'ode. On croit que fi le
génie du Poëte a, dans fon enthoufiafme, franchi les idées intermédiaires,

c'eſt au génie du lecteur à les ſup-
pléer.

Pindare, dont les ſiècles qui l'ont ſuivi ont fait la renommée, fut jugé avec moins d'indulgence par ſes contempo-rains. CORYNNE lui diſputa cinq fois, dans les jeux publics, la palme de la poé-ſie lyrique, & cinq fois elle fut cou-ronnée. Le tems, qui a épargné les vers du vaincu, a anéanti les ouvrages vain-queurs.

CALLIMAQUE. — C'eſt, après Pindare, le moins ancien des Poëtes lyriques Grecs du grand genre ; car on place ſa mort ſous Ptolemée Evergete, plus de quatre - vingts ans après la mort d'Alexandre. Les hymnes qui nous reſtent de cet homme célèbre , & qui ſeuls, de plus de quarante ouvrages, ont échappé à l'incendie de la Biblio-thèque d'Alexandrie, font des monu-mens de zèle envers les Dieux & d'adu-lation envers les Ptolemées. Ovide refu-ſait à ce Poëte le génie de l'invention,

Cependant il luidut l'idée de son Ibis &
de sa belle métamorphose d'Eresichton.
Callimaque mourut dans l'indigence &
dans l'oubli, & fut même obligé de
s'enterrer lui-même, si cependant il faut
en croire cette épigramme de l'Anthologie :

Pauvre & le dos courbé sous l'âge qui s'avance;
D'hommes à qui je pèse en tous lieux entouré,
    J'osai, d'un bras mal assuré.
    Creuser la tombe où je m'élance;
A ce dernier revers on est peu préparé,
    Même en maudissant l'existence;
On enterre les morts, & je meurs enterré.

SAPHO doit être mise à la tête des
Poëtes aimables de la Grèce, qui ont
réussi dans l'ode Erotique, genre de
poésie lyrique qui n'admet ni l'enthousiasme de Pindare, ni ses écarts, mais
dont les graces touchantes ne sont point
perdues pour les ames sensibles. Cette
dixième muse (car l'antiquité lui donne
ce nom) nâquit à Mitylène, dans l'isle

de Lesbos, & fut contemporaine de Solon, le légiſlateur d'Athènes. L'amour
fit ſa célébrité & les malheurs de ſa
vie. Il fit ſa célébrité, en lui inſpirant
des vers pleins de génie ; il fit ſes malheurs, en lui donnant une paſſion vio-
lente pour un jeune homme qui la dédaigna. Phaon, c'eſt le nom de l'inſenſible, était le plus bel inſulaire de Lesbos, du moins on peut en juger ainſi par
une fiction pleine de délicateſſe de ſon
amante, que les anciens nous ont conſervée. Phaon était repréſenté dans l'ouvrage de Sapho, conduiſant une barque
que ſur un fleuve tranquille. Vénus, dé-
guiſée en femme du peuple, ſe pré-
ſente, prend un ton modeſte, & demande à paſſer le fleuve ſans payer. Le
Lesbien n'héſite pas ; il accueille l'in-
connue ſur ſa bonne mine, & la tranſ-
porte ſur l'autre rive. Alors Vénus ſe fait
connaître, & fait préſent à Phaon d'un
vaſe d'albâtre, rempli d'une eſſence
divine, dont l'adoleſcent s'eſt à peine

parfumé, qu'il devient le plus bel homme du Peloponèfe.

Sapho, par fes fictions charmantes, eut beau parler à l'amour propre de Phaon, elle ne réuffit point à parler à fon cœur, &, de défefpoir, elle fe précipita dans la mer, du haut du promontoire de Leucade. On lui attribue neuf livres d'odes érotiques, des élégies, des fcolies morales & des épigrammes; mais il ne nous refte pas d'elle deux cens vers. Son chef-d'œuvre eft fa fameufe ode à la Lesbienne, traduite par Boileau, qui n'a jamais parlé à l'ame que dans cette tra-duction :

Heureux qui près de toi, pour toi feule foupire,
Qui jouit du plaifir de t'entendre parler ,
Qui te voit quelquefois doucement lui fourire !
Les Dieux, dans fon bonheur , pourraient-ils
　　l'égaler ?

Je fens de veine en veine, une fubtile flamme
Courir par tout mon corps, fitôt que je te vois;
Et dans les doux tranfports où s'égare mon ame,
Je ne fçaurais trouver de langue, ni de voix.

Un nuage confus fe répand fur ma vue,
Je n'entens plus, je tombe en de douces lan-
    gueurs;
Et pâle, fans haleine, interdite, éperdue,
Un friffon me faifit.... je tombe.... je me meurs.

ANACRÉON, qui a donné fon nom à la poéfie érotique, naquit à Teos, ville d'Ionie, & fut contemporain de Pififtrate. Hipparque, fils de ce tyran, inftruit de fon génie par fa renommée, voulut le voir, & lui envoya une galère à cinquante rames, pour l'amener dans Athènes. Le Poëte réuffit encore plus à la cour de Polycrate, defpote de Samos, car il devint fon favori; & il faut avouer qu'il méritait l'accueil de tous les tyrans, par fon génie fouple & par fes adulations heureufes, non moins que par le génie, qui étincelait dans fes vers. Sa vie répondit à l'idée que nous donnons de fon caractère : convive aimable, paffant le jour dans l'ivreffe & la nuit dans les bras de toutes les femmes qui parlaient à fes fens, il épuifa, pour ainfi dire, la carrière du plaifir. On croit qu'arrivé à l'âge de 85 ans, il mourut d'un grain de raifin qui s'arrêta dans fon gofier, & le fuffoqua ; ce que la phyfique n'oferait garantir.

Les poéfies d'Anacréon refpirent, en général, le goût le plus pur ; jamais l'efprit n'y parle le langage du cœur : cet Ecrivain charmant faifait des odes, comme notre la Fontaine faifait des fables, c'eft-à-dire auffi naturellement qu'un rofier, fous un beau ciel, donne des rofes. Les odes érotiques d'Anacréon ont été traduites dans toutes les langues, & quelquefois avec fuccès. On fe fouviendra long-tems de celle de l'Amour mouillé, dont nous devons la traduction à la Fontaine.

Il ne faut point quitter les poéfies légères d'Anacréon, fans parler de l'Antologie grecque que Saumaife trouva, dans le fiècle dernier, à Heidelberg, & qui renferme plus de fept cens pièces lyri-

ques, infcriptions, épitaphes, ou épigrammes (*a*).

L'Anthologie (difcours des fleurs) eft un recueil de ces productions légères de l'Atticifme, de ces riens ingénieux, de ces fleurs du Parnaffe, en un mot, que le regard févère de la raifon fuffirait pour faner. Parmi les cent quinze auteurs à qui cette collection appartient, on trouve des noms illuftres, tels que ceux de Thalès, de Sophocle & de Pythagore. Voici une des plus jolies de celles qui font anonymes ; elle eft adreffée à une Bouquetière d'Athènes.

Tu fouris d'un air enfantin,
En m'offrant de tes fleurs la guirlande vermeille;
Belle Aglaé, dis quel eft ton deffein ?
Nous offres-tu les fleurs de ta corbeille,
Ou bien les rofes de ton tein ?
Sur ces bouquets que tu difpofes,
L'œil égaré voit palpiter ton fein,
Vendrais-tu le rofier avec toutes fes rofes !

______

(*a*) Voyez la magnifique édition qu'en a donnée M. Brounk, un des plus fçavans hommes de l'Europe.

DE LA POÉSIE
NARRATIVE.

Les épigrammes de l'Anthologie grecque, nous conduisent, comme par la main, à la poésie narrative, qui, outre l'épigramme, renferme la fable, l'élégie, le poëme didactique, & sur-tout ce chef-d'œuvre de l'esprit humain, qu'on appelle l'épopée.

La fable imaginée par une Philosophie circonspecte, qui veut, sans blesser les grands, leur faire entendre la voix de la vérité, est une espèce de conte ingénieux, où l'on cite l'homme au tribunal des animaux, pour le rendre meilleur : quatre Ecrivains ont été, en ce genre, les modèles de toutes les nations ; Esope en Grèce, Phèdre à Rome, Pilpay dans l'Inde, & sur-tout parmi nous, l'inimitable la Fontaine.

ESOPE, né en Phrygie & contemporain de Solon, n'eſt connu, quant à ſa
perſonne, que par les contes de Pla-
nude ; on ſçait qu'il était bègue, boſſu,
&, outre cela, eſclave ; à tous ces
titres, il avait plus de droit que le reſte
des hommes, à ne leur faire entendre
la vérité que par la voie des apologues.

Il y avait, probablement à cette époque, à Sardes, & dans toutes les villes
opulentes de l'Orient, des théatres, où
le Poëte mettait en ſcène les grands perſonnages, qui n'exiſtaient plus, pour
l'inſtruction de ſes contemporains. Mais
cette morale dramatique n'eſt pas à
portée de tout le monde : c'eſt un miroir
immenſe qu'on n'élève qu'à force de
machines ; il était plus ſimple au Poëte
philoſophe de fabriquer une foule de
petites glaces portatives, où chaque
vérité iſolée pût ſe réfléchir, & voilà
comment Eſope fit ſervir le génie à la
propagation de la vertu.

Malheureuſement cette philoſophie

d'Ésope n'était point franche comme celle d'un Socrate, ou d'un Marc-Aurele; devenu, dirai-je, le bouffon, dirai-je le favori de Créfus, il ne fit que l'enivrer d'un encens adulateur ; & Solon, le légiflateur d'Athènes, ayant eu le courage de parler devant lui à ce Prince avec le double courage d'un républicain & d'un philofophe : *Solon*, lui dit l'homme aux apologues, *il ne faut point approcher les Rois, ou ne leur dire que ce qui peut leur plaire.* —— *Tu te trompes*, répondit le fage, *il faut dire la vérité aux Rois, ou ne les point approcher.*

On prétend que les habitans de Delphes, bleffés des épigrammes d'Ésope, qui, fier de la protection des Rois, ne ménageait plus perfonne, cachèrent chez lui un vafe facré, pour avoir occafion de l'accufer de facrilège, & l'envoyer enfuite au fupplice.

Il eft inutile de s'arrêter fur les ouvrages de ce Fabulifte ; car les gens de goût fçavent par cœur fes chef-d'œu-

vres; puisqu'ils ont appris, sans le vouloir, les fables de la Fontaine.

L'élégie, ou l'homme passionné, ex-
pose, dans un récit d'une simplicité tou-
chante, ses malheurs, fut originairement consacrée, ou à l'amour malheu-
reux, ou à la mort. SIMONIDE, né dans
une des Cyclades, s'y fit un nom. C'est
au même écrivain que les anciens durent
un poëme sur la bataille navale de Salamine, qu'on goûtait encore dans Athènes,
après les belles descriptions de bataille
qu'on lit dans l'Iliade.

La meilleure élégie qui nous reste des
Grecs, est peut-être celle qu'Euripïde a
insérée dans son Andromaque.

Le poëme didactique a dû être un des
plus anciens de la littérature Grecque,
à cause des bornes étroites où il est circonscrit : quoique son sujet soit la nature
entière, il ne se permet ni l'enthousiasme
de l'épopée, ni l'éloquence patéthique
du théatre : la fiction même en est bannie,
à moins qu'on ne l'admette en épisode.

Cette simplicité fait qu'il y a eu des poëmes didactiques, avant des poëmes épiques & des tragédies. Aussi Hesiode, suivant l'histoire Grecque, est-il antérieur à Homère, qui a lui-même précédé de plusieurs siècles les Eschyle & les Sophocle.

HESIODE, dont la vie est si obscure, mais dont les ouvrages ont fait une si haute fortune, vers le tems de la décadence des Monarchies grecques, fut proprement l'Historien des fables religieuses de l'antiquité. Son poëme des *Travaux & des Jours*, sa *Théogonie* & son *bouclier d'Hercule*, forment une mythologie complette, mais qui a eu besoin, pour plaire aux peuples, qui n'adoraient ni le Saturne grec, ni le Jupiter, d'être embellie, plusieurs siècles après, par le pinceau brillant de l'Auteur des métamorphoses.

En général, les ouvrages d'Hesiode sont sans coloris ; il n'est Poëte que dans quelques détails : tels que la description du combat des Titans, & celle de la naiſſance de Typhon, qui peuvent ſoutenir le parallèle avec les plus beaux morceaux de l'Iliade.

D'HOMERE
ET DE L'ÉPOPÉE (*a*).

Tous les arts fe tiennent comme étant également les rameaux d'un grand arbre. L'épopée tient, d'un côté, à la poéfie lyrique, parce que, dans l'origine, on chanta l'Iliade, ainfi qu'une hymne de Callimaque, ou une ode d'Anacréon; elle tient, d'un autre côté, à la poéfie dramatique, parce qu'au fond un poëme épique n'eft autre chofe qu'une grande tragédie, avec fes décorations & fes machines, dont l'action fe paffe dans l'imagination du lecteur.

(*a*) *Herod.* in vit. Homer. *Plutarch.* Oper. moral. paffim. *Alex. de Paph.* in Euftath. *Elian.* hift. var. *Suidas*, Lexicon. Préface de l'*Homère* de Pope. *Effai fur la Poëfie épique*, de l'Auteur de la Henriade.

Les siècles éclairés se sont réunis à regarder le poëme épique comme le chef-
d'œuvre de l'esprit humain ; & comme
Homère en est le créateur , c'est dans
l'histoire du Poëte qu'on trouvera celle
de l'ouvrage.

Homère fleurissait, suivant la chronique de Paros, il y a environ vingt-sept
siècles : s'il en fallait croire Alexandre
de Paphos, un de ses premiers Historiens, sa nourrisse était une prophé-
tesse ; des goutes de miel distillaient de
son sein, quand elle l'allaitait. La première fois que l'entant chéri du ciel fit
entendre sa voix, elle parut réunir le
ramage de neuf espèces d'oiseaux, & un
matin on le trouva dans son lit, jouant
avec neuf tourterelles. On se doute bien
que tous ces contes ont été imaginés ,
non d'après sa vie, mais d'après sa renommée.

Sept villes se sont disputées l'honneur d'avoir donné naissance à ce grand
homme ; mais il est probable qu'il naquit

à Smyrne, & qu'il fut un enfant illégitime de l'amour : fa mère accoucha de lui fur les bords du fleuve Melès, ce qui lui fit donner le nom de Melefigènes ; car le nom d'Homère , qui en Grec fignifie aveugle, n'eft qu'une épithète, imaginée d'abord par le mépris, pour défigner fa cécité.

Melefigène, pauvre & aveugle, mais fe confolant de tout avec fon génie, alla quelque tems mendier fon pain dans les fept villes, qui depuis ont fait fon apothéofe. Il paraît que Chio eft celle où il trouva, de la part de la richeffe fu-perbe, l'accueil le moins humiliant; car il s'y maria. On voit encore, à une lieue des environs de cette ville, & non loin du rivage de la mer, une efpèce de baffin de vingt pieds de diamètre, taillé dans le rocher, & connu fous le nom d'*école d'Homère*. C'eft fur ce pla-teau, difent les Infulaires, que le fublime aveugle raffemblait fes difciples , & leur déclamait les vers de fon Iliade.

Homère voyagea beaucoup, avant de devenir aveugle. Auſſi ſa géographie n'eſt point erronnée, comme celle de Quinte-Curce, l'Hiſtorien d'Alexandre ; les Villes ſont ſituées, les montagnes s'élevent, les rivières ont leurs cours dans l'Iliade & dans l'Odyſſée, comme dans la nature.

Homère, à qui la lutte de ſon génie contre ſa pauvreté, permettait de n'être point modeſte, le fut cependant : on ne voit point, dans ſes deux Poëmes épiques, qu'il parle jamais ni de lui-même, ni de ſes ouvrages ; ſoit qu'il n'ait pas preſſenti toute ſa renommée, ſoit qu'il n'ait pas voulu humilier de ſa gloire future l'orgueil de ſes contemporains.

Le plan de l'Iliade & de l'Odyſſée eſt ſûrement ſorti tout entier de la tête de ſon Auteur : ce ſont deux ſtatues trop belles, pour n'avoir pas été fondues d'un ſeul jet ; mais on ne connut d'abord ces Poëmes que par fragmens, tels que la mort de Dolon, l'épifode de Patrocle, la grotte de Calypfo & le maffacre des Amans de Pénélope : c'eft à Lycurgue que l'Europe doit d'admirer l'ordonnance générale de ces ouvrages ; le Légiflateur de Sparte les copia en entier de fa propre main, & les publia dans le Péloponèfe.

Quoique vingt-fept fiècles d'enthoufiafme foient, pour Homère, un fûr garant de fa gloire, & que fon génie embraffe le monde entier de fes rides vénérables, cependant on peut fe permettre, dans un âge de lumières, de jetter un regard appréciateur fur le culte qu'on lui adreffe, fans être coupable de facrilège.

Je ne parle point ici des fatyres violentes contre la perfonne d'Homère & fes ouvrages ; elles ne flétriraient que l'Ecrivain vil & jaloux qui oferait fe les permettre. Zoïle, qui a eu cette audace, n'eft parvenu à la poftérité qu'avec un nom couvert d'opprobre ; quoique cependant il ne méritât pas la mort pour ce crime littéraire, comme l'a dit Vitruve & comme l'a répété Boileau dans sa querelle contre Perrault & la Motte; car le culte d'Homère a toujours amené, dans ses adorateurs, un peu de fanatifme.

Mais après avoir déclaré qu'Homère, le plus grand des Poëtes connus, a non-feulement créé l'Epopée, mais encore l'Art poëtique : on peut, fans crime, ne pas aimer jufqu'aux défauts de l'Odyffée & de l'Iliade.

Le fujet de l'Iliade eft la colère d'A-chille ou plutôt les malheurs de l'armée des Grecs pendant fon inaction : or ce fujet n'eft point heureux; car un Héros qui n'agit pas, ne peut être le Héros d'un Poëme épique.

Ces batailles éternelles que l'Iliade nous retrace fans ceffe, ont pu, comme l'a dit Voltaire, être du goût des con-temporains d'Homère : les Grecs, que les Arts commençaient à peine à civi-

lifer, aimaient tout ce qui leur paraif-
fait terrible, comme les enfans ai-
ment les contes des forciers qui les
effrayent; mais les hommes des fiècles
de lumières ne font plus des enfans:
il eût été digne du Chantre immortel
d'Achille de chercher une fable d'une
utilité plus univerfelle, & de fe rendre,
par fon plan, le modele de toûtes les
Nations, comme il l'eft déja par le génie
des détails.

L'ufage qu'Homère fait des machines
de l'Epopée, n'eft pas toujours digne d'un
Poëme regardé comme le chef-d'œuvre
de l'efprit humain : ces chevaux qui
parlent, ces Dieux que bleffe Diomède,
ce rire inextinguible qu'on prête aux
Habitans de l'Olympe à la chûte de Vulcain offenfent la fenfibilité de l'homme
de goût, à qui la magie du coloris n'en
impofe pas: il y a d'autres défauts de
bienféance poëtique bien plus grands
encore dans l'Odyffée; mais il y aurait
de la dureté à s'appefantir fur ce roman en

vers, où on voit briller par intervalles un beau feu qui s'éteint, & fruit tou-jours étonnant de la vieilleſſe d'un grand homme.

Au reſte, combien toutes ces taches légères ſont effacées par les beautés innombrables qui étincellent dans les ou-vrages du chantre d'Achille & d'Ulyſſe! Perſonne n'a mis plus d'art dans ſes ré-cits, plus d'imagination dans ſes ta-bleaux, n'a jetté plus de variété dans les deſcriptions naturellement mono-tones de ſes batailles. Tous ſes carac-tères ſont tracés & conſervés avec une vérité dramatique, qu'on ne peut ſe laſſer d'admirer; il peint tout ce qu'il voit, & donne la vie à tout ce qu'il peint; ſur-tout il conſerve la plus noble ſimplicité dans les plans, en réſervant toute ſa magnificence pour les détails; &, à cet égard, on peut l'appeller le Peintre de la nature par excellence.

Ses tableaux mythologiques ont, en général, la plus grande fraîcheur. Il n'y a rien de plus ingénieux que fa ceinture de Vénus, ou fon idée des trois Graces, qui fervent la Déeffe de la beauté ; il n'y a rien de plus fublime que le tableau de cette chaîne d'or avec laquelle Jupiter amène aux pieds de fon trône les hommes & les Dieux.

C'eft fur-tout par fa fublimité qu'Homère eft le Dieu de l'Epopée ; décrit-il la marche d'une armée, c'eft *un vafte incendie qui chaffe l'univers devant lui* ; fait-il mouvoir un Dieu, *il fait trois pas, & au quatrième il atteint les limites du globe.*

Ses vers dont l'ignorance ingénieufe des Perraut & des la Motte, n'a jamais pu fe former une idée, font un chef-d'œuvre d'harmonie imitative : il n'emploie aucune épithète, qui ne foit un tableau ; on croit entendre dans l'*Einociphillos*, le murmure des vents, qui agitent la tige des forêts ; on croit voir dans le *Korouthaiolos*, le mouvement du panache d'Hector, qui effraie le jeune

Aſtyanax. Ce ſtyle enchanteur que la langue Grecque fait ſi bien valoir, fera toujours le plus grand mérite de l'Epopée. C'eſt par lui qu'Homère eſt le plus grand des Poëtes, & que Virgile, le premier de ſes imitateurs, n'a peut-être pas encore été imité.

DE L'ORIGINE

DE L'ART DRAMATIQUE

CHEZ LES GRECS.

LE désœuvrement & l'ivresse firent naître dans la Grèce les premiers his-trions ; ils se promenaient dans les villes avec leur théâtre ambulant , qui leur servait de voiture , chantaient des couplets grossiers en l'honneur de Bacchus, &, à force de grimaces , attroupaient autour d'eux les passans. Il y a loin de ce tabarinage à l'art des Sophocle ; mais qu'on songe que sur ce sujet nous ne l'emportons pas sur les Grecs, & qu'il y a peut-être encore plus loin des mys-tères & des farces de la *Mere-sotte* , à *Britannicus* & au *Misantrope.*

Ces charlatans sont très-antérieurs à

Thespis (*a*), dont Horace fait le fondateur du théâtre : il en vint d'autres après
eux , qui perfectionnèrent cet art informe , & qui substituèrent à de froids
impromptus des chœurs travaillés, dont
les paroles pussent se marier avec la
musique enchanteresse de Terpandre &
d'Arion ; Thespis, pour détruire la monotonie de ces chants , y mêla des récits
faits par un seul acteur , & du monologue il n'y a qu'un pas pour arriver à
la scène ; mais ce pas , on fut plus de
cent ans à le faire.

Un certain Phrynicus , disciple de
Thespis, introduisit le premier des femmes sur le théâtre (*b*). On le condamna
à une amende de mille drachmes , pour
avoir fait jouer la *prise de Milet par
Darius , Roi de Perse ;* car un peuple
souverain ressemble à un despote ; il ne
sçaurait entendre des vérités dures ,

(*a*) Platon , *Dialogue de Minos.*
(*b*) Elien , *Hist. Div.* lib. III. cap. 8.

même de la bouche d'un Poëte, qu'il regarde cependant comme un être sans conséquence.

Cherilus, qui vint après Phrynicus, compofa cent cinquante Tragédies, dont il ne nous refte que le nom d'une feule (*a*); c'eft ce Cherilus qui inventa les habits de théâtre : il habilla fes acteurs, ce qui était toujours un mérite dans un fiècle où on ne fçavait pas les faire parler.

(*a*) *Alope*, fille de Cercyon, & maîtreffe de Neptune ; fon hiftoire n'eft pas une des moins obfcures de la Mythologie.

D'ESCHYLE,

LE PERE DE LA TRAGÉDIE.

ENFIN Eſchyle vint, & ce grand homme inventa la ſcène, intéreſſa le chœur à l'action (*a*), trouva les trois unités, & donna ainſi un habit décent à Melpomène.

On ne ſçait pas aſſez que cet Eſchyle,

(*a*) Boileau dit, *Art Poëtic.* ch. 3.

Sophocle enfin, donnant l'eſſor à ſon génie,
Accrut encor la pompe, augmenta l'harmonie,
Intéreſſa le chœur dans toute l'action, &c.

Je laiſſe là le mot de *toute* dans le troiſième vers, qui ne s'y trouve que pour former un pied; mais le Poëte a tort d'attribuer à Sophocle, ce qui appartient à Eſchyle, de contredire Horace, & de falſifier l'hiſtoire : on eſt doublement obligé à être juſte, quand on critique ſes contempo-rains.

quand même il n'eût pas été un grand Poëte , aurait encore été un homme célèbre ; diſciple de Pythagore , homme d'état , & guerrier magnanime , il fit paſſer dans ſes pièces le feu républicain qui l'embrâſait ; il eut part à la légiſlation d'Athènes , & , après avoir éclairé ſa patrie , il combattit pour elle à Platée , à Salamine & à Marathon ; mais il en eſt de ce grand homme comme de Cicéron ; ſa plume fit tort à ſon épée , & la poſtérité a oublié ſes vertus militaires , pour ne s'occuper que de ſes ouvrages.

Eſchyle , s'il en faut croire Suidas , compoſa 90 pièces de théâtre , & fut couronné vingt-huit fois ; il nous reſte de lui ſept Tragédies recommandables par la ſimplicité de l'action , & par la force du ſtyle ; ce qui ne ſerait pas un grand mérite pour quelques nations modernes , où on pardonne une diction traînante , en faveur d'une intrigue louche & compliquée.

Ariſtote a jugé Eſchyle ; les Latins ont

répété le jugement d'Ariftote, & nous répétons fans ceffe le jugement des Latins. Ce n'eft pas-là le moyen d'étendre la fphère de nos connaiffances : effayons du moins de placer ce Poëte fous un nouveau point de vue, puifqu'il ne nous eft pas permis de changer de télefcope.

Parmi les fervices qu'Efchyle rendit à l'art dramatique, il faut compter les idées qu'il donna pour augmenter la magnificence du fpeétacle ; c'eft lui qui forma Agatharque, décorateur célèbre, qui écrivit fur l'Architeéture fcénique ; perfuadé que les yeux du fpeétateur devaient partager l'illufion de fon efprit, il voulut que fa fcène fût vafte, qu'elle parût décorée avec goût, & qu'on pût y voir voler des chars, débarquer des flottes, & manœuvrer des armées.

Quoique le fpeétacle le plus brillant ne vaille pas quatre vers de génie, cependant on doit fçavoir gré à Efchyle, en imaginant des pièces nationales, d'avoir travaillé à la fois pour l'efprit des gens de goût, & pour les yeux de la multitude : il est vrai que ce Poëte, dans ses pièces à personnages allégoriques, dut se trouver dans un grand embarras ; prenons pour exemple son Prométhée.

La scène représente une vaste solitude, bornée par le mont Caucase. Vulcain fait attacher le Héros sur un rocher avec des chaînes de diamant, & enfonce un coin aigu dans sa poitrine ; l'infortuné, au lieu de fléchir Jupiter, blasphême contre lui ; alors la terre tremble ; des nuages de poussière s'élèvent dans l'air ; on entend le sifflement des vents qui se déchaînent ; l'atmosphère se remplit de feux ; le tonnerre éclate, & la discorde des élémens menace la nature de la replonger dans la nuit du cahos (a).

(a) Cette description n'est point des scholiastes. elle est tirée presque mot pour mot de la pièce Grecque. Voyez la première scène du premier acte, & la dernière du cinquième.

Les Commentateurs, qui expliquent des anciens ce que tout le monde fçait, & qui fe taifent prudemment fur ce qu'on ignore, n'ont point fait de remarques fur ces prodiges de l'ancienne méchanique ; cependant il ferait bien utile pour le progrès des arts, de deviner quelle était la compofition de ces feux d'artifice, dans un tems où la poudre n'était pas connue ; de faire entendre comment on peut peindre un tremblement de terre, & fur-tout d'expliquer le méchanifme de la difcorde des élémens.

Ces éclairciffemens feraient d'autant plus néceffaires, qu'il paraît démontré que tout s'exécutait en grand fur le théâtre d'Athènes : les colonnes des temples étaient du plus beau marbre de Paros; des bataillons entiers faifaient leurs évolutions fur la fcène, & on comptait jufqu'à cinquante Furies, qui dormaient autour d'Orefte, dans la tragédie des *Euménides.*

L'habillement des acteurs du Promé_
thée contribue encore à la difficulté du
problème. D'abord le Héros de la pièce
était un Dieu, qui ne fut puni de Jupiter
que pour avoir civilisé les hommes ;
comment le philosophe Eschyle pou-
vait-il peindre un Dieu ? Quand il aurait
donné à l'acteur des échasses de six
pieds (*a*), il en aurait bien fait un géant,
mais non pas une intelligence supérieure
à l'homme. Ne perdons pas de vue que
le Poëte était disciple de Pythagore, &
qu'il avait, parmi ses spectateurs, des
Sages de la Grèce, & tout l'Aréopage.

Le chœur de Prométhée est composé
de Nymphes de l'Océan qui viennent,
à demi-nues (*b*), sur un char aîlé ; les

______

(*a*) Je suppose qu'il est possible d'observer le
reste des proportions : par exemple, de donner
à Prométhée une tête analogue à une taille de
douze pieds.

(*b*) Il y a dans le Grec Ἀπέδιλος, sans chauf-
sure : en Espagne & à la Chine, cela équivau-
drait à une nudité.

Grecs avaient-ils des Vaucanfon qui exécutaffent de pareilles machines fans le fecours des cordes & des contrepoids ? Comment peignait-on une divinité des eaux ? Comment, fur-tout, la repréfentait-on fans chauffure, fur un théâtre confacré à la décence, & où on fut même très-longtems fans introduire des femmes ?

L'Océan paraît, dans le fecond acte i *fur un quadrupède léger qui fecoue impatiemment fes aîles.* Les Poëtes qui peignent les Nymphes avec des cheveux treffés de rofeaux, n'avaient pas ofé, du tems d'Efchyle, habiller l'Océan ; comment l'auteur de *Prométhée* figura-t-il un élément qui embraffe les trois quarts du globe ? Comment fur-tout le figura-t-il monté fur un quadrupède léger ? Enfin, quel était ce quadrupède ?

Dans le quatrième acte, on voit paraître Io, cette fille d'Inachus, dont Jupiter eut les faveurs, & qu'il changea enfuite en geniffe, pour la dérober au courroux de Junon. M. Dacier, un des Commentateurs qui a le plus défriché les landes de l'antiquité, assûre qu'elle parut sur le théâtre dans la pièce d'Eschyle, sous la figure réelle d'une genisse (*a*); il dut paraître très-extraordinaire aux Athéniens, de voir ce quadrupède parmi les acteurs de *Prométhée*, de l'entendre parler en Grec, & sur-tout de l'entendre parler à des Dieux.

Enfin, Vulcain, le bourreau de Prométhée, n'est que le satellite de deux êtres allégoriques, qui sont la *Force & la Violence*; c'est par leur ordre qu'il suspend Prométhée à un rocher du Caucase, qu'il le lie avec des chaînes de diamant, & qu'il enfonce un coin dans sa poitrine. Comment caractériser aux

---

(*a*) Le P. Brumoi & M. de Pompignan prétendent que cette Nymphe ne se montrait sur la scène, qu'avec un visage défiguré & des cornes de genisse; mais on sçait qu'ils ont traduit Eschyle avec plus d'élégance que de vérité; encore passent-ils à M. Dacier les *cornes*.

yeux des gens de goût la Force & la Violence ? Il eſt très-difficile à un Peintre de les deſſiner, à plus forte raiſon à un Poëte de les faire mouvoir.

Il y a un autre genre de ſpectacle dans la Tragédie des Eumenides, qu'on regarde comme le chef-d'œuvre d'Eſchyle ; il en place cinquante ſur la ſcène, toutes endormies, mais tenant d'une main un flambeau qui jettait une lueur pâle & tremblante, & de l'autre, un fouet treſſé avec des couleuvres ; au milieu de leurs ronflemens finiſtres, paraît l'ombre de Clytemneſtre, qui les évoque contre ſon fils Oreſte, & au moment où elle s'écrie :

De ce ſommeil de mort, que ma voix vous
    délivre,
Que le traître vous voie, & qu'il ceſſe de vivre ;
Faites-lui reſpirer votre ſouffle enflammé !
Que des feux dévorans qu'exhalent vos en-
    trailles,
Mes yeux puiſſent le voir lentement conſumé !...
On m'exauce.... un bruit ſourd agite ces mu-
    railles.....

Dans ce moment terrible , dis-je , les Euménides fe réveillent, & fe répandent fur la fcène, en faifant fiffler leurs ferpens & étinceler leurs flambeaux. Ce fpectacle terrible , ainfi que nous l'avons déjà dit , fit avorter des mères & mourir des enfans.

Ce tableau fuffit pour donner l'idée du caractère d'Efchyle. Ce Légiflateur du théâtre Grec , né avec une imagination vive , une ame fenfible & un génie brûlant , porta tout d'un coup à fa perfection le grand reffort dramatique de la terreur ; les deux derniers actes d'*Agamemnon* , le quatrième des *Coëphores* , & toute la Tragédie des *Euménides* , femblent écrits avec des caractères de fang ; on dirait que Minos avait nommé Efchyle le Poëte des ombres , pour augmenter , s'il était poffible, l'épouvante & les fupplices des Enfers.

Malheureufement , les idées terribles laffent à la longue , à moins qu'on ne ménage entr'elles quelques repos : tel fut

auffi l'art d'Efchyle ; on voit qu'il met
fans ceffe à côté des images terribles,
des idées fimples, qui en détruifent la
monotonie ; il s'abandonne quelquefois
à fon imagination défordonnée mais il
revient bientôt au ton de la nature : fon
ftyle de tems en tems eft guindé, mais
il n'eft jamais barbare ; en général, malgré fes défauts, le Légiflateur du théâtre
Grec fut un homme de génie ; & la
nature ne forme pas dans un fiècle deux
hommes tels que lui : ce grand homme
le fçavait bien ; auffi, quand, tourmenté
par la jaloufie, qui pardonne quelquefois aux vertus obfcures, mais jamais
aux grands talens, il fe vit arracher des
couronnes qu'il croyait avoir méritées,
il fourit fur fon fiècle, & dit avec fierté,
qu'il n'avait écrit que pour la poflé-
rité (*a*).

Euripide & Sophocle font venus, ils
ont fait de meilleures Tragédies qu'Ef-

____

(*a*) Athen. *Deipnofoph.* lib. 8.

chyle, mais ils n'ont pu le faire oublier,
parce que la carrière où ils marchaient,
était encore empreinte des pas du génie,
tracés par leur prédéceſſeur ; il était en
effet bien plus difficile de s'élever des
parades de Theſpis au ton des *Euménides*,
que de partir des *Euménides* pour faire
Phédre ou *Philoctète* ; voilà pourquoi la
perſonne de Corneille eſt peut-être au-
deſſus de celle de Racine ; quoiqu'on ne
puiſſe rien comparer à *Iphigénie* , à *Atha-*
lie & à *Britannicus.*

DE SOPHOCLE.

SOPHOCLE était guerrier comme
Efchyle : il commanda même une armée
avec Périclès (*a*) ; dans cet âge d'or des
anciennes Républiques , un guerrier ne
croyait pas plus fe dégrader en faifant
des vers , qu'un Poëte en fervant fa
patrie : un Poëte alors & un Guerrier
font également refpeßables. Dans les
états qui tendent au defpotifme , l'un
proftitue fon épée, & l'autre fa plume
à la défenfe d'un tyran ; alors l'homme
de bien s'indigne du nom de foldat , &
rougit à celui de Poëte.

Sophocle compofa cent Tragédies,
dont il ne nous refte que fept ; *Anti-
gone* , *Œdipe à Colonne* , les *Trachiniennes,*
Philoctète , *Œdipe Roi* , *Electre* , & *la mort*

(*a*) Strabo. *Géograp.* lib. XIV.

d'Ajax ; on le couronna vingt-trois fois, & il eut même, dirai-je la gloire, dirai-je la dureté, de triompher plufieurs fois d'Efchyle, qu'il eût été fi beau de vaincre par fes ouvrages plutôt que par fes couronnes.

La vieilleffe de ce beau génie fut plus glorieufe que celle du Légiflateur du théatre Grec : fes enfans ayant eu l'ingratitude de l'accufer de démence devant les Tribunaux d'Athènes, le Poëte outragé, au lieu de faire fon apologie, lut à fes Juges fa Tragédie d'*Œdipe à Colonne*, qu'il venait d'achever (*a*) ; ce trait de lumière éclaira l'Aréopage, & Athènes ne vit plus de démence que dans l'efprit de fes accufateurs.

Sophocle eft, après Homère, le Poëte Grec qu'ont le plus étudié les grands hommes du fiècle d'Augufte & de Louis XIV : fon génie refpire dans les Œuvres philofophiques de Cicéron, & dans les

______

(*a*) Cicer. *de Seneflut.* cap. VII.

Odes d'Horace ; Boileau le sçavait par cœur , & presque toute la Tragédie de *Philoctète* est fondue dans une épisode de notre Télémaque.

Racine qui admirait d'autant plus Sophocle , qu'il était plus plein de sa lecture, eut la foiblesse de se croire inférieur à ce grand homme, & n'osa refaire aucune de ses Tragédies : il est singulier que le créateur des rôles d'*Acomat*, d'*Athalie* & de *Britannicus*, ne se soit pas cru en état de rendre, d'après les Grecs, ceux d'*Ajax*, d'*Œdipe* & de *Philoctète*.

Œdipe a toujours passé dans l'antiquité pour le chef-d'œuvre de Sophocle ; Boileau ne put jamais engager Racine à traiter ce sujet simple & sublime ; le grand Corneille le traita & y échoua ; ce triomphe était réservé à un Poëte de dix-huit ans ; le jeune Athlète parut sur la scène, son *Œdipe* à la main : alors la France se consola de la mort de Corneille, & l'Europe eut un Voltaire.

Pour faire connaître les beautés simples

& touchantes de l'*Œdipe Grec*, il faut renvoyer les gens de goût au feul *Œdipe* qui foit refté fur le théâtre Français ; il faut lire fur-tout le quatrième acte de cette belle Tragédie ; & s'il fe trouvait un homme qui ne fe fentît pas ému par le tableau déchirant qu'il préfente ; s'il n'admirait pas ce fublime qui naît, non de l'emphafe des mots , mais du fimple développement d'une action ; qu'il ne life ni Sophocle , ni cette Hiftoire de la Grèce , nous parlons une langue qu'il n'eft pas à portée d'entendre.

Sophocle , né avec autant de génie qu'Efchyle, eut un goût bien plus épuré ; perfonne n'a été plus heureux que lui dans le choix de fes fujets, & dans l'art de les expofer. Il faut voir dans fes chef-d'œuvres , avec quelle adreffe il fçait épaiffir d'un côté le voile qui couvre fon intrigue, tandis que de l'autre il le déchire ; avec quelle intelligence il fait reffortir fes caractères, & par quel fil magique il conduit fes fpectateurs, de

furprife en furprife, jufqu'au dénouement.

Mais ce qui met ce grand homme au-
deffus de fes rivaux, c'eft la nobleffe &
l'harmonie de fa diction : il eft avec Homère, Virgile & Racine, l'homme de
génie qui a le mieux réuffi dans la Poëfie
de ftyle ; fes vers font fur les oreilles
poëtiques, le même effet que produi-
raient fur des oreilles muficiennes, les
plus beaux Adagio de Traëtta, de Pic-
cini & de Jomelli, & malheur à l'homme
de goût qui n'en ferait pas convaincu
par lui-même, avant la lecture de cet
Ouvrage !

DE LA PHILOSOPHIE

D'EURIPIDE.

ESCHYLE était guerrier, Sophocle homme d'Etat, Euripide fut peut-être quelque chose de plus : il devint philosophe. On sçait que ce nom est consacré pour désigner l'homme de Lettres qui a du génie & de la vertu.

Ce fut Anaxagore qui fut le maître d'Euripide (*a*) ; il chercha à inculquer dans l'esprit du jeune Poëte, & ses grandes vérités de morale, & ses erreurs

______

(*a*) Euripide fut d'abord si enthousiaste de la philosophie, que, ne pouvant acheter les écrits mystérieux & sublimes d'Héraclite, il s'avisa de les apprendre par cœur. ⹀ Racine apprit aussi le roman de Longus, pour tromper la vigilance de Port-Royal. ⹀ Le génie est toujours plus fort que les obstacles.

de phyſique ; les vérités germèrent , mais les erreurs diſparurent ; Euripide , par exemple , ſe convainquit , en fréquentant le philoſophe , que la machine compliquée de l'Univers ne pouvait être gouvernée que par une intelligence ſuprême ; mais il oublia bientôt que les cieux étaient de pierre , & que le ſoleil était une maſſe de feu groſſe comme le Péloponèſe.

L'exil d'Anaxagore força le jeune proſélyte de la philoſophie à tourner ſes talens du côté du théâtre ; mais ſes grands principes ne varièrent jamais ; on voit à chaque inſtant , à la lecture de ſes Tragédies , des traits lumineux qui décèlent un Sage ; la morale la plus pure reſpire dans ſes Poëmes ; auſſi , Socrate , l'ennemi des ſpectacles , n'y manquait point , quand on jouait les drames d'Euripide : il retrouvait ſon ame dans celle du Poëte , & ſon génie dans ſes vers.

Des ſectaires , de nos jours , ont voulu bannir la philoſophie du théâtre ; s'ils entendent par-là les froides sentences d'un pédant qui disserte, & cette méthode géométrique qui flétrit l'imagination & anéantit la belle Poësie, ils ont raison; mais un Poëte, ainsi caractérisé, n'a que les livrées de la philosophie, il n'est pas Philosophe.

Le Poëte philosophe est celui qui, ayant médité long-tems les grandes vérités de la nature, s'est fait une ame forte dont rien ne peut affaiblir l'énergie; cette ame respire dans des vers que le goût a dictés; elle s'y réunit avec cette douce sensibilité qui fait vivre tous les ouvrages de génie; c'est-là qu'on instruit sans prétention, qu'on éclaire sans pédantisme, & qu'on répand les principes éternels de la morale, sans montrer avec faste la mine féconde d'où on les a tirés; c'est avec de tels ouvrages qu'on épure le théâtre pour les gens de Lettres, & qu'on brise, chez le peuple, le talisman qui semblait y éterniser le fanatisme & la crédulité.

Sans le vouloir, j'ai fait le portrait d'Homère, un des philosophes qui a le plus parlé au cœur humain ; tel a été Euripide ; tel a été encore l'homme de génie qui a crayonné·, de nos jours, l'ame sublime & atroce de Mahomet, & qu'on pourrait appeller le Poëte des Philosophes.

Le philosophe Euripide composa soixante & quinze Tragédies ; on nous en a conservé dix-neuf ; leur lecture réfléchie annonce que l'Auteur a été peut-être le plus théâtral de tous les Poëtes dramatiques ; personne, dans l'antiquité, n'a connu le cœur humain comme lui, & n'en a fait mouvoir les ressorts avec plus d'adresse ; Racine, le Poëte qui à cet égard en a le plus approché, semble avoir moins étudié le cœur humain, que le cœur des femmes; cependant il y a peu de pièces dans l'antiquité, qu'on puisse mettre au-dessus de notre Iphigénie & de notre Britannicus.

Maintenant que le caractère poëtique

des trois tragiques Grecs nous eſt connu,
ſi on revient ſur ſes pas pour s'arrêter
ſeulement ſur leurs perſonnes, on y
trouve des rapports qui peuvent avoir
influé ſur le caractère de leurs écrits,
& ſur le jugement qu'en a porté la
poſtérité.

Tous les trois naquirent avec des
talens étrangers au théatre ; mais des
circonſtances particulières les entraî-
nèrent dans la carrière dramatique ; ſans
cela, qui ſçait ſi ces hommes de génie
ne ſe feraient pas créés une autre célébrité? L'un aurait été, peut-être, le
Solon de ſa patrie, l'autre ſon Thémiſ-
tocle, & le Philoſophe aurait fait
ſecte.

Tous les trois furent plus honorés chez
les étrangers, que dans leur patrie. Sophocle fut recherché par tous les Rois
de la Grèce & de l'Aſie mineure. Eſchyle
devint l'ami d'Hyeron, & Euripide le
premier miniſtre d'Archelaüs. Chez nous
le grand Corneille a vécu dans l'indi-

gence ; Racine eſt mort de chagrin d'a-voir déplu à un deſpote, & les derniers regards de Voltaire n'ont vu qu'un moment le théatre Français, dont il a fait la gloire. Obſervons encore que, de ces trois grands hommes, le dernier eſt le ſeul qui ſoit devenu l'ami des Rois.

Tout enfin, juſqu'au genre de mort, ſemble rapprocher les trois Tragiques de la Grèce ; Eſchyle mourut de la chûte d'une tortue qu'un aigle laiſſa tomber ſur ſa tête ; Sophocle fut étouffé par un grain de raiſin, & Euripide fut attaqué par des chiens furieux, qui le dévorèrent. Leur fin par un haſard ſin-gulier, fut auſſi tragique que leurs ou-vrages.

DU CARACTERE

DE LA TRAGÉDIE GRECQUE.

LA tragédie Grecque naquit dans une République ; par conféquent l'amour de la liberté dut en être la bafe ; auffi les premiers Poëtes dramatiques tonnèrent contre l'inégalité, & devinrent les fléaux des Rois.

Tout, jufqu'aux fpectacles, prend à la longue la teinte des mœurs nationales ; or, aucune ville, fi vous en exceptez Rome, n'a porté plus loin qu'Athènes l'enthoufiafme de la liberté ; elle plaça au nombre des demi-dieux, les affaffins des tyrans (*a*) ; Pline affure que les pre-

(*a*) Voilà pourquoi la Tragédie, dans le goût des anciens, n'a jamais pu plaire aux tyrans. Philippe II & Cromwel n'allaient point au fpectacle : le Cardinal de Richelieu déteftait pref-

mières ſtatues qui y furent érigées, furent celles d'Harmodius & d'Ariſtogiton.

Si la tragédie Grecque avait pu naître à la cour des Rois de Perſe, elle aurait pris bientôt toute la molleſſe des mœurs orientales ; elle aurait peint les intrigues d'un ſérail, ou l'utilité de l'eſclavage raiſonné des ſatrapes ; dès-lors les Poëtes, qui ſe ſont formés ſur les dramatiques d'Athènes, ne feraient plus que des *Bérénices* ; & les commentateurs, pour qui tout ce qui eſt Grec eſt divin, relegueraient parmi les genres monſtrueux, *Œdipe*, *Céſar*, & le chef-d'œuvre d'*Athalie*.

La grande erreur du peuple des gens de lettres a toujours été de dire : des hommes de génie, tels qu'Homère & Sophocle, ont fait l'*Iliade* & *Œdipe* : donc on ne peut rien mettre au-deſſus

---

qu'autant Corneille que Marillac ou Montmorenci.

d'*Œdipe* & de l'*Iliade.* Un homme de goût, je crois, forme un raifonnement bien plus utile au progrès des arts, quand il dit : admirons Sophocle & Homère, mais jugeons *Œdipe* & l'*Iliade.*

On fent affez que cette vigueur républicaine, qui caractérife les pièces d'Athènes, fuffit pour expliquer pourquoi les Poëtes en banniffaient l'amour ; il était difficile qu'on pût plaire à un peuple, qui n'avait que la paffion des grandes ames, en mettant des églogues amoureufes dans la bouche de fes Héros ; les intrigues petites & froides de la galanterie, ne pouvaient atteindre à la hauteur de l'ame des Miltiade & des Thémiftocle.

De plus, c'étaient les hommes qui dominaient aux fpectacles de la Grèce ; & on s'empreffe peu de peindre les femmes, quand le fuffrage de cette charmante moitié du genre humain n'entraîne pas celui de l'autre.

Il y a même des villes de la Grèce, où une tragédie roulant fur l'amour, eût été le comble de l'abfurdité : qu'à Sparte, par exemple, où les femmes étaient communes, on tranfporte un Poëte tel que Racine; qui pourra, je ne dis pas juger des pièces, mais feulement les entendre ? Sont-ce des hommes accoutumés à regarder l'amour comme un befoin des fens, & non comme une jouiffance de l'ame? — Pour les femmes, on fçait qu'à Sparte elles étaient hommes.

Peut-être même que l'auteur d'*Andromaque* n'eût pas été en fûreté chez les concitoyens de Lycurgue; les Ephores, accoutumés au laconifme, n'auraient pas regardé de bon œil la rédondance harmonieufe du ftyle de Racine ; & des périodes poétiques qui nous enchantent, auraient bien pu paffer pour un crime d'état, chez un peuple qui ne parlait que par monofyllabes.

Il ne faut pas croire cependant que

l'amour confidéré comme une grande faibleffe, combattu par de grands remords, & devenu le mobile des grands événemens, n'ait quelquefois été admis fur la fcène des Grecs. Euripide compofa *Phèdre ;* & cette tragédie n'éprouva pas, fur le théâtre d'Athènes, la chûte que celle de Racine effuya fur le nôtre ; mais l'amour, dans les pièces Grecques, joue le premier rôle, ou ne paraît point du tout : on le croyait déplacé, dès qu'il ne menait point à la terreur ; c'était un géant qui aiguifait le poignard de Melpomène, & non un enfant énervé qui jouât autour de la ceinture de Vénus.

Ce qui diftingue encore effentiellement la fcène Grecque de la nôtre, c'eft que les pièces de Sophocle étaient un fpectacle national, au lieu que chez nous le théatre n'eft que l'amufement d'environ douze cens perfonnes, parmi lefquelles il n'y a pas quatre cens Juges ; car il ne faut pas mettre dans ce nombre dés Seigneurs blasés, de jolies femmes qui vont dans leurs loges arranger des soupers, & des gens de lettres jaloux, qui voudraient envier à toute pièce qu'ils n'ont pas faite, un jour même d'exiſtence.

On ſent aſſez qu'une tragédie nationale, ne doit pas être jetée dans le même moule qu'une pièce qui n'eſt faite que pour quatre cens perſonnes ; il faut, dans la première, un grand intérêt, une action menée vivement, & des tableaux pathétiques : on doit ſur-tout flatter le goût dominant de ſes concitoyens : voilà ce que les Grecs ont fait ; & cette obſervation devrait ſuffire pour nous faire récuſer en qualité de leurs Juges ; car une tragédie d'Athènes, à certains égards, eſt peut-être auſſi éloignée de nos mœurs théatrales, qu'une chanſon Caraïbe l'eſt des odes d'Anacréon.

Au reſte, nous écrivons l'hiſtoire de l'art & non le panégyrique des Artiſtes. La tragédie Grecque eut des défauts fans doute, & quand on a eu l'adreffe de les découvrir, il faut avoir le courage de les expofer.

Les premières tragédies qu'on joua fur des treteaux ambulans, n'eurent point d'expofition, & on y fuppléait par l'artifice des prologues; il était fi aifé de mettre ainfi les Spectateurs au fait de fon fujet, que les plus grands Poëtes fuivirent quelquefois le torrent de l'ufage ; ceux même qui les fupprimèrent, ne franchirent pas pour cela tout à-fait la barrière placée par le mauvais goût ; & il y a des tragédies d'Euripide, où l'expofition eft faite avec fi peu d'adreffe, qu'il n'y a d'autre différence que le nom, entre la première fcène & un prologue.

A voir en Philofophe la fcène Grecque, il me femble que le plus grand défaut qu'on puiffe lui reprocher, c'eft d'avoir fouvent manqué le but moral de la tragédie. Voyez les fujets de *Prométhée*, de *Médée* & d'*Œdipe*; comme le

dogme affreux de la fatalité y pervertit
les Héros & les spectateurs ! comme la
volonté de Dieu y paraît bizarre, injuste
& cruelle, & comme l'infortune n'y est
jamais que l'apanage de la vertu ! Si
toutes les tragédies de l'antiquité avaient
la même base, croyez-vous que Platon
aurait eu tort de bannir les Sophocle de
sa République ? N'est-il pas plus essen-
tiel à un légiflateur que son peuple soit
bon, qu'il ne l'est qu'il s'amuse ?

Il me semble que les Grecs ont quelquefois abusé du grand ressort de la terreur ; Hippolyte brisé par sa chûte, qui
vient sur la scène faire le dénombrement
de ses blessures ; Prométhée qui est cru-
cifié sur le Mont-Caucase ; les Furies
réveillées par l'ombre de Clytemnestre,
qui font siffler les serpens de leur chevelure, forment peut-être des tableaux
trop révoltans : il n'y a qu'un pas de-là
aux spectacles d'échafaud.

En général on remarque chez les
anciens, une nuance trop faible entre

le genre de la tragédie & celui de la comédie ; les Héros y ont quelquefois le langage de la populace : au refte, ce défaut fait l'éloge des mœurs antiques ; qu'on fonge qu'alors tous les ordres de la fociété étaient plus rapprochés ; qu'un laboureur était un homme tout comme Thémiftocle & Alcibiade , & qu'on voyait à la même fontaine qui blanchiffait les robes des citoyennes, une payfanne & la princeffe Nauficaa.

On pourrait auffi reprocher aux tragédies Grecques, les longues harangues de leurs perfonnages, qui, fondues dans le même moule que celles des orateurs, ont ordinairement un exorde en règle, un récit & une peroraifon ; mais c'eft peut-être encore le défaut du fiècle, bien plus que celui des Poëtes ; à Athènes, où l'éloquence menait à tout, l'art oratoire devait être le premier des arts , & dès-lors communiquer à la poéfie une partie de fon caractère. Eft-ce bien à nous à apprécier les harangues des Sophocle & des Homère : à nous, esclaves énervés, qui n'avons point de caufes nationales , & qui réfervons l'éloquence pour de vaines oraifons funèbres (*a*)?

Après avoir vu en quoi les Grecs pouvaient avoir bleffé les bienféances théatrales, voyons en quoi ils pourraient être nos modèles.

Les Héros Grecs agiffent d'une manière terrible, & difent quelquefois des chofes communes; cela vaut encore mieux que les perfonnages de nos tragédies, qui difent de grands mots, & qui ne font rien.

La terreur de la fcène Grecque manque en général à la nôtre ; & *Rodogune*, *Phèdre* & *Mahomet*, n'ont pu empêcher

____

(*a*) Croyez-vous que chez les Grecs ou chez les Romains , l'Auteur des Eloges de Sully , de Defcartes, de d'Aguelleau & de Marc-Aurèle né avec tant de talens & une fi belle ame , fe fût borné à louer des morts, pour être couronné par une Académie ?

le peuple de nos dramatiques, de rimer des églogues.

A Athènes, une pièce dont l'action était simple, conduisait au dénouement le plus pathétique ; à Paris, l'entassement des coups de théatre, & le fracas des événemens, mènent trop souvent à un dénouement de comédie.

Pourquoi ne prendrions-nous pas des Grecs leur manière de traiter l'amour, ces transports, ces fureurs, ce délire brûlant des Phèdre & des Médée, auxquels nous avons substitué de petites jalousies, de froides ruptures, & des raccommodemens de comédie ?

Je regrette beaucoup qu'on ait retranché le chœur de la tragédie. Dans celle dont le but moral ferait manqué, ce ferait toujours l'honnête homme de la pièce ; sa préfence rendait plus vraifemblables les monologues, & il formerait de tems en tems des fcènes muettes qui augmenteraient le pathétiqeu des fituations; enfin, il empêche-

rait que le fpectateur ne fe réfroidît
dans le vuide des entr'actes, & il fauve-
rait l'abfurdité qui réfulte d'un grand
intérêt, croiffant de fcène en fcène, &
qui fe trouve coupé quatre fois par des
airs de violon.

Je voudrais auffi qu'on empruntât du
théatre d'Athènes, une partie de fon
fpectacle; je dis une partie, car fon
peuple facrifiait quelquefois jufqu'à la
fubftance de l'Etat, à fon goût effréné
pour ce plaifir. Le fage Plutarque prétend qu'il en a plus coûté aux Archontes
de cette ville, pour faire jouïr *Médée*,
ou les *Bacchantes*, que pour défendre
leur liberté contre les Barbares; &, en
vérité, un Gouvernement où on pré-
fère au falut public de vaines décorations de théatre, eft à la fois bien ridicule & bien près de fa décadence.

Cependant, en donnant à la fcène
Françaife la majefté qu'exige un pareil
fpectacle, il ne faut jamais perdre de
vue que des décorations relèvent bien

de bonnes pièces, mais ne les font pas
faire ; que le plus brillant périftyle de
Servandoni, ne donne point le coloris
qui manque à une tragédie, & que
l'homme de goût quitterait même le
Colifée de Rome, où on ne jouerait que
de froids *oratorio*, pour aller entendre
fur des treteaux quelques fcènes de
Corneille.

DE LA COMÉDIE
GRECQUE.

LES Grecs ont donné aux hommes l'Epopée; il leur ont ouvert la carrière de la tragédie; ils leur ont appris dans l'ode à marier la double modulation de la muſique & des vers, mais ils n'ont point eu de comédie.

La comédie eſt l'art de ſaiſir un ridicule théatral pour le corriger ; mais lorſque l'art dramatique prit naiſſance en Grèce, les mœurs n'y étaient pas aſſez dégradées, pour que le Poëte comique eût occaſion d'aiguiſer ſon ſtilet. Le luxe dépravateur qui multiplie les originaux dans les grandes ſociétés, n'était pas encore connu dans les Métropoles du Péloponèſe. On y rencontrait des vices fortement prononcés, mais point de ridicules.

Le berceau de l'art dramatique a été probablement le même , pour la tragédie & la comédie ; c'eſt ce chariot de Theſpis , monté par des Vendangeurs barbouillés de lie , d'où tantôt l'on chantait les Héros & tantôt l'on diſait des injures en paſſant. Epicharme & Phormis en Sicile , ennoblirent un peu ces parades burleſques , en ſubſtituant un théatre fixe aux treteaux ambulans de Theſpis ; enſuite Cratès , dans Athènes , épura le dialogue des Vendangeurs barbouillés de lie ; & au lieu de leur faire inſulter , la populace , il leur mit dans là bouche des injures polies , contre les premiers de la République.

A cette époque , Eſchyle créait une tragédie nationale : Homère , dont le génie ſemblait avoir tout deviné dans les beaux arts , avait laiſſé un drame , ſous le titre de *Margitès*, modèle de toutes ces farces ſatyriques d'Ariſtophane , que nous avons honorées du nom de comédies ; cependant l'art de corriger le ridicule par le tableau dramatique du ridicule, ne faisait pas un seul pas dans la Grèce ; il semblait que le terroir n'était pas propre à féconder le génie d'un Terence, ou d'un Molière.

L'opinion publique ne contribua pas peu à décourager l'art naissant ; l'homme d'état ne trouvait pas un grand mérite politique, ni l'homme de goût un grand talent littéraire à dire des injures sous la forme de dialogues : aussi tandis que la tragédie, encouragée par le Gouvernement, était écrite par des mains qui gagnaient des batailles ; la comédie se traînait obscurément, dirigée par des Bouffons de la lie du peuple. Le discrédit alla au point qu'il existe une loi d'Athènes, qui, pour conserver l'honneur des Juges de l'aréopage, leur défend de faire des comédies.

Les Ecrivains qui veulent, à toute force, que la Grèce ait eu une vraie comédie, la divisent en *ancienne, moyenne*

& *nouvelle*, foit à caufe de fes différentes époques, foit par rapport aux diverfes modifications qu'elle effuya, lorfque la loi mit des barrières à l'impudence des Cratinus & des Ariftophane.

L'ancienne comédie mettait la fatyre même en action, c'eft-à-dire qu'elle dévouait un ridicule des perfonnages connus qu'elle introduifait fur la fcène, & qu'elle nommait. Le Gouvernement profcrivit une pareille licence. Alors le Poëte fubftitua aux vrais perfonnages, des mafques, qui les repréfentaient avec la plus grande fidélité, & quoique, fous un nom étranger, il les défigna fi bien, que le public malin, les nommait en les voyant. D'autant plus fûr alors, dit l'ingénieux Auteur de Bélifaire, d'être applaudi, qu'en repaiffant la malice des fpectateurs, par la noirceur de fes portraits, il ménageait encore à leur vanité le plaifir de deviner les modèles ; telle fut la Comédie moyenne, & c'eft entre elle & la Comédie ancienne, que

la farce des nuées prépara le supplice de
Socrate.

Athènes, privée du plus grand de ses
citoyens, sentit la nécessité de mettre
un nouveau frein à l'insolence de ses
Poëtes. Elle avait déjà défendu les vrais
noms, elle proscrivit les sujets véritables ; alors l'art fut circonscrit dans ses
justes limites ; il se borna à la peinture
générale des mœurs, voilà ce qu'on
appella la Comédie nouvelle, où se dis-
tingua Ménandre, & la seule qui mérite
le nom de Comédie.

MÉNANDRE, le seul Poëte comique
Grec, que nous citerions dans l'histoire
de l'art, si nous avions ses ouvrages,
était né à Athènes, & fleurissait vers la
cent quinzième Olympiade. On dit qu'il
était louche, mais d'un commerce si
aimable, par la finesse de son esprit, &
par l'aménité de ses mœurs, que les
femmes le prenaient pour un second
Alcibiade. Il composa quatre-vingt Comédies, que Térence, le seul Poëte

dramatique de Rome qui ait eu du goût, traduisit toutes ; les originaux Grecs se sont perdus, & l'examen des belles copies Romaines ne tiennent point à l'histoire du siècle d'Alexandre.

Les Athéniens, bons juges du mérite de leurs Poëtes & de ceux de toutes les Nations, rendirent justice à Ménandre ; ils placèrent, au Théâtre de Bacchus, son portrait à côté de ceux d'Eschyle, de Sophocle & d'Euripide ; le sceptre de la Tragédie était partagé entre trois rivaux, mais Ménandre seul tenait celui de la Comédie.

Ménandre se noya dans le port du Pyrée, où il se baignait, emportant son sceptre avec lui, comme notre immortel Molière.

DES SILLES

OU PARODIES.

LES Silles Grecques, ainfi nommées, parce que le Dieu Silène y jouait toujours un perfonnage, étaient des fatyres dramatiques très-mordantes, où l'on parodiait les Tragédies qui avaient de la célébrité. Il nous refte quelques fragmens des Silles de Timon, qui annoncent la groffiéreté des drames de Thefpis, & le fiel des Iambes d'Archiloque.

Le premier Poëte connu qui fit des Silles, fe nommait Pratinas ; fes acteurs jouaient fur un théâtre mobile, mêlés avec les fpectateurs, & on payait fa place deux oboles. A la repréfentation d'une de ces farces, les échafauds fe rompirent, & il y eut plufieurs citoyens écrafés ; les Archontes d'Athènes firent

alors conſtruire un théâtre permanent,
& donnèrent ce ſpeƈtacle gratis, per-
ſuadés qu'un peuple Roi ne doit point
acheter ſes plaiſirs.

On cite cinq Silles d'Eſchyle, parmi
leſquelles on diſtinguait ſon Protée, ſept
de Sophocle, & quatre d'Euripide : Platon lui-même, l'immortel Platon, en
fit quelques-unes dans ſa jeuneſſe ; mais
il eut le courage de les brûler, quand il
devint Philoſophe.

Si l'on voulait apprécier ce genre de
Comédie, il faudrait lire le *Cyclope*
d'Euripide, & quand on l'aurait lu, il
faudrait plaindre ce grand homme, d'a-
voir proſtitué à des tableaux de taverne
le pinceau ſublime qui deſſina Phèdre
& Iphigénie.

En général, la Parodie eſt un mauvais
genre aux yeux de l'homme de goût,
parce qu'il n'aime point à voir le génie
tourné en ridicule, parce qu'il voit que
cette arme dangereuſe eſt la reſſource
du Zoïle le plus obſcur, qui cherche à

fe confoler de la célébrité d'un grand homme.

Lamothe , qui commença par être bleffé de voir fon *Inès de Caftro*, traveftie en *Agnès de Chaillot*, & qui finit fagement par en rire , difait, qu'un Parodifte qui fe nomme fièrement l'inventeur de fa farce , reffemble à un frippon qui aurait dérobé la robe d'un Magiftrat, croyant l'avoir bien acquife, en y coufant quelques lambeaux de l'habit d'Arlequin , & qui appuyerait fon droit , fur le rire qu'exciterait fa mafcarade.

Si les Silles devinrent une efpèce de fpectacle national dans Athènes , il faut l'attribuer peut - être à l'amour effréné de cette ville , pour tout ce qui portait l'empreinte de la liberté. D'ailleurs la caufticité naturelle de fes habitans , trouvait fans ceffe de l'aliment dans ce genre de farces. Si leurs Dramatiques les ennuyaient , ils s'en confolaient par des Parodies ; fi leurs pièces étaient bonnes , ils les parodiaient encore , pour les em-

pêcher de s'enorgueillir, & de quelque
manière que ces Poëtes fe conduififfent,
on les puniffait toujours avec le ftilet,
du ridicule, ou de leur ignorance, ou
de leur fupériorité.

D'ARISTOPHANE.

Il faut demander pardon à l'homme de goût, de revenir encore sur Ariſtophane, déjà apprécié dans l'hiſtoire mémorable du ſupplice de Socrate (*a*) ; mais ce far- ceur a eu une ſorte de célébrité, qu'il a conſervée juſqu'au milieu du ſiècle de Louis XIV, & il faut achever de ren- verſer ſa ſtatue de deſſus ſa baſe ; l'Hiſ- toire des hommes doit la vérité à tout le monde, & ſur-tout aux Tyrans de l'antiquité, pour empêcher leurs enthou- ſiaſtes de le devenir.

Perſonne ne s'eſt aviſé, chez les an- ciens, d'écrire la vie d'Ariſtophane, & nous ne tenons quelques détails ſur ſa perſonne, que de lui-même ; mais quel fond à faire ſur l'égoïſme révoltant de

---

(*a*) Voyez *Hiſtoire de la Grèce*, tome IX, pag. 194 juſqu'à 221.

l'homme petit & pervers, qui ne trouvait ni génie dans Euripide, ni vertu dans Socrate.

On contesta longtems à ce Poëte jusqu'à sa qualité de citoyen d'Athènes, & il n'y fut confirmé par les Juges, que sur une mauvaise parodie de quelques vers de l'Odyssée, *ma mère me dit né de l'Athénien Philippe, pour moi je n'en sçais rien ; car qui sçait quel est son père ?* Ainsi ce n'est qu'en deshonorant sa mère, qu'Aristophane acheta le titre de citoyen d'Athènes.

Aristophane composa cinquante Comédies, dont il ne reste plus qu'onze : il était à la fois auteur & acteur, du moins la tradition veut qu'il ait joué le rôle de Cléon dans ses *Chevaliers*, parce qu'aucun acteur ne se trouva assez hardi, pour travestir sur la scène cet homme accrédité, qui avait été Général & Archonte ; on ignore comment Cléon, qui n'était pas philosophe comme Socrate, se vengea ; peut-être que la pièce n'ayant point

cu de fuccès, ne bleſſait pas même la
vanité d'un homme ſans talent & ſans
génie.

Ariſtophane, au reſte, ne joua pas
toujours des hommes, ſans conſéquence
pour la poſtérité, tels que Cléon. Le
grand Périclès, qui ouvrit le ſiècle d'Alexandre, fut traveſti en ridicule, dans les
Acharniens. Eſchyle, Sophocle, & ſur-
tout Euripide, furent traînés dans la
fange, à la repréſentation des *Fêtes de
Cérès* & des *Grenouilles* ; tous ces attentats contre le goût & contre l'ordre
public, furent couronnés par la farce
abominable des *nuées*, que nous avons
vu préparer la mort de Socrate.

Après avoir répandu ſon fiel ſur la vie
des grands hommes d'Athènes, & ſur
leur mémoire, Ariſtophane déchira les
femmes en corps, dans ſes *Harangueuſes*,
& il imagina les *Guêpes*, pour flétrir
l'ordre entier de la Magiſtrature.

Il ne reſtait plus au parodiſte qu'à jouer
les Dieux mêmes de ſon pays, & il le

fit avec un cynifme (*a*) qui valut une fentence de mort à Diagoras, mais qu'on lui pardonnait à lui-même , fans doute parce qu'en qualité de Poëte & de faifeur de libelles , il était fans conféquence.

L'Athée Ariftophane , qui s'était fait le vengeur des Dieux dans les nuées , fut auffi l'apôtre de la morale dans le procès de Socrate , & perfonne n'outragea les mœurs avec autant d'impudence que ce farceur , pour qui rien n'était facré , pourvû qu'il fît rire la populace. *Lyfiftrate* & les *Harangueufes* font écrites à cet égard , avec la plume obfcène des Pétrone & des Martial ; je ne dis pas avec leur génie.

Les pièces d'Ariftophane ne rachètent point d'ailleurs, par de grandes beautés littéraires, l'atteinte qu'elles donnent à l'ordre public ; il n'y en a pas une qui ne pêche par l'ordonnance générale ;

_____

(*a*) Un Anglais eftimé (Collier) a fait prefqu'un livre , pour prouver l'athéïfme d'Ariftophane.

tous ſes caractères odieux, ainſi que les caractères héroïques qui les font reſſortir, ſont jettés dans le même moule ; il ne connait point l'unité d'action, & encore moins celle d'intérêt ; ſes intrigues ne marchent point avec aiſance, & il n'y a point de vraiſemblance dans ſes dénouemens.

Ariſtophane n'a connu que le comique local, & le ridicule du moment ; il ne lui eſt jamais venu dans l'idée de s'élancer hors du cercle étroit de ſes victimes, & de peindre les mœurs générales. Cependant les grands caractères comiques ne lui manquaient pas ; il y avait ſûrement dans Athènes des avares, des joueurs, des miſantropes ; on y voyait ſur-tout des tartuffes, tels que le grand Prêtre Anitus ; mais le Poëte vil & lâche, aima mieux ſervir ce dernier dans ſes vengeances, que de le traduire ſur la ſcène, pour inſtruire tous les âges, & dérober d'avance la plus belle des palmes de Molière.

Ariſtophane ſçait rarement faire parler les hommes ; auſſi pour maſquer ſon impuiſſance, met-il ſouvent en ſcène des êtres allégoriques, tels que la guerre, l'injuſte, le génie Tintamare, qu'on peut faire parler comme l'on veut, parce qu'ils ne reſſemblent à rien ; plus ſouvent encore, il choiſit ces perſonnages parmi les animaux ; c'eſt un eſcarbot monſtrueux qui fait l'expoſition de la farce de la *Paix.* Les héros de trois autres pièces ſont des oiſeaux, des guêpes & des grenouilles.

Pour connaître parfaitement la manière d'Ariſtophane, ou plutôt pour ſe convaincre qu'il n'en a point, il faut lire l'analyſe que nous avons donnée de ce qu'il appellait ſon chef-d'œuvre, à l'hiſtoire du procès de Socrate.

On a cependant tenté de faire une ſorte de renommée à Ariſtophane, mais c'eſt une erreur de l'ignorance, ou un crime de la mauvaiſe foi.

Ariſtophane n'a point été applaudi

dans Athènes , le centre du bon goût &
des lumières ; il avoue lui-même , malgré son égoïsme , que son chef-d'œuvre
des nuées a été sifflé deux fois.

Quand les Athéniens placèrent , au
théâtre de Bacchus , l'image de tous les
grands Dramatiques qui avaient illuftré
leur fcène , ils y firent figurer Ménandre ,
mais ils ne voulurent point qu'on y mît
le tableau d'Ariftophane ; cette preuve
eft de la plus grande force , pour qui n'a
point d'intérêt à faire d'un vil farceur
un grand homme.

On a cité , mais fans titre , Platon , en
témoignage du talent de l'auteur des
nuées ; d'abord l'épigramme Grecque ,
que les Graces firent leur féjour dans le fein
d'Ariftophane, ne fçaurait être du fameux
difciple de Socrate , qui ne faifait point
d'épigrammes : le Philofophe introduit
dans fon banquet un Ariftophane , dont
il fait l'éloge , mais il n'eft point prouvé
que ce foit l'Ariftophane des nuées. Platon ne paraît réellement avoir ce Poëte

en vue , que dans la lettre où il recommande à Denys le jeune la lecture de ses Comédies ; mais il est aisé de voir qu'il ne s'agit point en cette occasion du dramatique, en qualité d'homme de goût , mais seulement en qualité de délateur adroit , qui peut mettre le tyran au fait des intrigues politiques du Péloponèse.

Elien , qui a rassemblé dans son livre la tradition de toute l'antiquité sur Aristophane, l'a apprécié aussi peu favorablement que nous (*a*) , & le judicieux Plutarque ajoute des teintes encore plus dures au tableau (*b*); il est difficile, quand

---

(a) Voyez son texte , *Hist. de la Grèce* , tome IX. pag. 199.

(b) Voyez dans les *Œuvres morales* , le petit opuscule qui a pour titre , *comparaison d'Aristophane & de Ménander*. En voici quelques traits, dans la traduction d'Amiot , si piquante dans son heureuse naïveté.

« Ménander est de beaucoup préférable à » Aristophane ; le langage du dernier est fâ- » cheux , il sent son farceur , son triacleur , &

on a lu la critique motivée , faite par ce
dernier Philofophe , de croire que l'au-

» fon artifan méchanique ; auffi un ignorant &
» groffier , qui n'aura nulles lettres , prendra
» plaifir à ce qu'il dit ; mais l'homme docte ,
» s'en fâchera incontinent.... (*Ici font des quo-*
» *libets , de la groffiéreté la plus obfcène , que Plu-*
» *tarque tire d'Ariltophane , & que l'honnéte*
» *homme ne peut lire dans aucune langue*)..... Il y
» a dans la tiffure de fes paroles , du tragique &
» du comique , du haut & puis du bas , de l'ob-
» fcur & puis du familier, de l'enflé & puis de
» la cauferie baffe & fade en fon langage..... il
» ne fçait pas attribuer à chaque perfonnage ce
» qui lui appartient , & on ne fçaurait difcerner
» chez lui fi c'eft   fils ou un père qui parle ,
» un villageois ou un homme de ville , une
» vieille ou un Dieu.

» Ariftophane n'eft ni plaifant pour la mul-
» titude , ni fupportable aux gens d'honneur &
» de jugement ; ains eft fa Poëfie , comme une
» P..... paffée , qui veut contrefaire la femme
» de bien ; le peuple ne peut endurer fon arro-
» gance , & les gens de bien déteftent fon in-
» tempérance & fa malignité.

» Les Comédies de Menander font pleines

teur des nuées ne fut pas dans la dernière claffe des Poëtes fubalternes ; comme il eft difficile de fuppofer, d'après l'hiftoire du fupplice de Socrate, qu'il eût jamais occupé une place dans la claffe des gens de bien.

» de graces & de fel amoureux, comme étant
» proprement faites de la mer où Vénus naquit ;
» là où les jeux falés d'Ariftophane font d'un
» fel âpre & cuifant, ayant une pointe qui
» mord & ulcère. Je ne fçais où eft la gentil-
» leffe que l'on vante en lui ; certainement ce
» qu'il imite eft toujours en la pire partie ; fes
» rufes ne font point galantes ; fa rufticité n'eft
» point naïve, mais fotte. Bref, il me femble
» que cet homme n'a point écrit pour être lu
» d'un homme de bien, mais feulement pour
» les envieux, les malins, & les gens abandon-
» nés à toutes diffolutions ».

CONSIDÉRATIONS

SUR

L'ÉLOQUENCE GRECQUE.

Nous n'avons point attendu, pour en traiter, le tableau du siècle d'Alexandre; cette belle partie de la littérature de la Grèce est trop essentiellement liée à son histoire.

Si jamais l'Orateur dût se flatter de devenir un homme d'Etat, c'est dans les Républiques, où le talent de la parole mène à la considération publique, & où la considération publique mène à toutes les dignités, soit dans les armées, soit dans la Magistrature.

La Grèce, sur-tout, du moment qu'elle secoua le joug de ses Rois, dut devenir le centre de la vraie éloquence; la beauté de son climat, si favorable aux élans de l'imagination ; fa langue , la plus harmonieufe de toutes celles qu'on ait jamais parlé fur le globe , & dont les fons enchanteurs allaient fubjuguer l'ame, en captivant les oreilles ; cette égalité des citoyens dans les Démocraties , qui leur défendait de fe méprifer eux-mêmes, lorfque le hafard ne les avait faits ni nobles , ni riches ; tout contribuait à faire du talent de la parole le premier des arts , foit pour l'ambitieux qui voulait tyrannifer fa patrie , foit pour l'homme de bien , qui voulait la fervir de fes lumières.

L'éloquence devait prendre un effor d'autant plus élevé dans les Républiques du Péloponèfe , qu'on ne cherchait point à la récompenfer par des moyens deftinés à l'avilir. L'Etat ne foudoyait point fes Orateurs , il préfentait à leur imagination ardente la perfpective de la gloire , & en récompenfant ainfi les hommes de génie , il était bien fûr de les faire naître.

Tout le monde était éloquent dans Athènes , lorsqu'il se trouvait animé d'une grande passion. Le Sénateur l'était dans l'Aréopage , l'Orateur, à la tribune aux harangues , & le Guerrier sur le champ de bataille. Les femmes mêmes l'étaient , quand leur ame sensible s'ouvrait aux impressions de la gloire. Voyez l'éloge funèbre des guerriers morts dans les champs de l'honneur, qu'Aspasie prononça devant Socrate, sans être préparée , & que Platon nous a conservé dans son fameux dialogue du *Menexène.* Il n'y a point d'Orateur dans les Républiques, fût-il Démosthène , Cicéron ou Bolingbroke , qui ne voulût avoir composé la harangue de la Courtisane.

L'éloquence ne se déployait pas sous la même forme dans toutes les Républiques , parce qu'elle était sans cesse modifiée par le génie des Citoyens , par leurs mœurs , & par la nature de leur gouvernement. Ainsi l'infini semblait séparer celle d'Athènes & celle de Lacédémone : tandis que la ville de Solon applaudiſſait, dans ſes Orateurs, le nombre des périodes, & un ſtyle où l'abondance ſe mariait avec l'harmonie, la ville de Lycurgue, perſuadée que la pompe des paroles ne déſigne d'ordinaire que la ſtérilité des idées, s'était faite une éloquence à elle, qui ne conſiſtait guères que dans la préciſion & dans l'énergie; cette éloquence eſt connue ſous le nom de laconiſme, & nous en avons rapporté une foule de traits heureux dans l'hiſtoire de Lacédémone.

Je ſuis perſuadé que dans Athènes même, l'Orateur exercé dans toutes les fineſſes de l'art de la parole, modifiait ſon éloquence ſuivant le caractère des perſonnes devant qui il la déployait; s'il plaidait devant l'Aréopage, il était laconique, comme la loi qu'il interprêtait ; s'il parlait devant le peuple, il préférait de grands mouvemens à une dialectique ſerrée & lumineuſe; lorſqu'il s'agiſſait de diſcourir au Lycée, ou dans

l'Académie, c'eſt par une heureuſe géné-
ration d'idées, qu'il cherchait à captiver
l'attention des philoſophes.

Nous avons eu occaſion de nous
étendre, dans le cours de cet ouvrage,
ſur le ſublime de trait, qu'on peut appeller l'éloquence du laconiſme, ſur les
grands mouvemens oratoires, avec leſquels les Périclès & les Démoſthène
menaient le peuple des Démocraties, &
ſur cet art d'enchaîner, d'une manière
lumineuſe, les idées qu'on fait naître
dans ſes auditeurs, art qui conſtitue la
manière de Socrate. Il ne nous reſte, à
cet égard, à ajouter qu'une notice rapide
des Orateurs du ſiècle d'Alexandre.

PÉRICLÈS. —— Cicéron ne croyait pas
que la Grèce pût ſe vanter d'un vrai
Orateur, avant Périclès (*a*). Ce fameux
amant d'Aſpaſie, ſubjugua quarante ans

______

(*a*) *Ante Periclem.... littera nulla eſt quæ qui-
dem ornatum aliquem habeat & oratoris eſſe videa-
tur.* Voyez *Cicer.* in Bruto. cap. 17.

fa République avec les armes de la parole ; fon éloquence prenait tous les
caractères qui convenaient à fa politique
profonde. Tantôt la douce perfuafion
femblait réfider fur fes lèvres, tantôt il
tonnait dans la tribune, & fa véhémence
entraînait les volontés les plus rebelles ;
la vie de ce grand homme occupe une
place confidérable dans cet Ouvrage, &
nous y avons rapporté, prefqu'en entier,
le feul ouvrage qui nous refte de lui, fa
fameufe Oraifon funèbre des guerriers
morts, à l'ouverture de la guerre du
Péloponèfe (*a*).

ANTIPHON, (*b*) fut un élève de Socrate : on le dit le premier des Grecs qui
ait réduit en principes l'art oratoire ; il
compofa auffi trente-cinq harangues,
dont pas une ne lui a furvécu ; il y a
une grande variété parmi les Hiftoriens

(*a*) *Hift. de la Grèce*, tom. VI. pag. 101.
(*b*) La notice des dix Orateurs fuivants nous
a été tranfmife par Plutarque dans fes *Œuvres
morales.*

fur le genre de fa mort : les uns prétendent qu'il fut condamné à mort par
les trente tyrans d'Athènes ; d'autres
veulent qu'ayant favorifé l'ufurpation
des quatre cens , il fut déclaré infâme ,
lui & fa poftérité. Suivant une autre
tradition , ce fut l'ancien Denys , tyran
de Syracufe , qui l'envoya au fupplice,
parce que lui ayant demandé quel était
le meilleur airain qu'on employait pour
les ftatues , il avait eu le courage de
répondre que c'était celui dont on avait
fait les buftes des libérateurs d'Athènes
Harmodius & Ariftogiton ; ce dernier
récit eft le plus vraifemblable , parce
qu'il caractérife mieux le courage d'un
Républicain difciple de Socrate.

ANDOCIDÈS , né dans la foixante &
dix-huitième Olympiade , écrivit d'un
ftyle fimple & dénué de grandes figures,
& cependant , il gagna prefque toutes
les caufes majeures qu'il plaida. La Poëfie
alors n'empiétait pas fur l'éloquence , &
le goût épuré traitait tous les genres

fans les confondre. Andocidès fut enve-loppé dans le fameux procès de facrilège intenté contre Alcibiade , & il eut la baffeffe de fe fauver, en dénonçant fon père ; il eft vrai que craignant l'opprobre dont la poftérité flétrirait fa mémoire, il employa enfuite fon éloquence victo-rieufe à le dérober au fupplice.

LYSIAS, originaire de Syracufe , paffa une partie de fa vie dans Athènes , & eut part aux affaires politiques de fon fiècle. Après la bataille d'Egos Potamos, les trente le profcrivirent , & il refta exilé fept ans. Ses malheurs ne l'empê-chèrent pas de pouffer fa carrière jufqu'à quatre-vingt-trois ans ; il prononça deux cens trente plaidoyers , & ne perdit que deux caufes. Lorfque Socrate fe vit con-damné pour avoir été fupérieur à fon fiècle, Lyfias lui apporta une apologie ; le Sage la lut, la trouva dans toutes les règles de l'art oratoire , mais lui fit en-tendre, en la lui rendant, que quand on avait le courage d'être l'apôtre de la vérité, il ne fallait point emprunter d'organe étranger pour se défendre : Socrate dédaigna donc les reſſources vulgaires de l'éloquence pour juſtifier ſa philoſophie ; il eſt probable que s'il avait voulu être Orateur à la manière de Lyſias, il ſe ferait ſauvé, mais auſſi il n'aurait point été Socrate.

On vante beaucoup la clarté, les graces & l'élégance continue du ſtyle de Lyſias ; il ne nous reſte que quelques fragmens aſſez faibles de ſes harangues, qui nous ont été tranſmis par Denys d'Halicarnaſſe.

IſOCRATE, naquit à Athènes ſept ans avant Platon : la faibleſſe de ſa voix l'empêchant de monter à la tribune pour gouverner ſa nation, il ſe détermina à ouvrir une chaire d'éloquence ; comme ſa renommée l'avait précédé, Athènes entière accourut auprès de lui, & à en croire Cicéron, il ne ſortit de ſon école, comme du cheval de Troye, que des grands hommes.

On reproche à Isocrate d'avoir avili son art par le prix qu'il y mettait ; on ajoute même qu'il refusa ses leçons à Démosthène, parce qu'il n'était pas en état de lui donner mille drachmes : ce trait ne s'accorderait pas avec le caractère connu de l'Orateur. Plutarque dit qu'il ne mettait à contribution que les étrangers, & non ses concitoyens ; il avait d'ailleurs l'ame trop haute, pour que la plus légère bassesse pût y entrer : on sçait qu'à la mort de Socrate, lorsque le fanatisme cherchait par-tout de nouvelles victimes, il eut le courage de porter publiquement le deuil du Philosophe.

Tous les beaux génies qui sortirent de l'Académie, rendirent hommage aux talens d'Isocrate ; mais Aristote qui pensait rarement comme ses contemporains, ne le traitait qu'avec mépris : *quand Isocrate parle*, disait l'instituteur d'Alexandre, *il est honteux de se taire*. Au reste, ce jugement, tout rigoureux qu'il nous paraît, a été confirmé au siècle de Trajan, par Plutarque, & dans celui de Louis quatorze, par l'immortel Fénélon.

Les panégyriftes d'Ifocrate ont pu motiver leur admiration fur le charme du ftyle de l'Orateur, fur l'harmonie & l'élégance continue de fes harangues, fur-tout fur la faine morale qu'on y voit empreinte. En effet, le patriotifme Républicain, l'amour des loix, le refpect pour la foi des traités, y font recommandés à chaque page. Platon, à cet égard, n'a pas été un interprête plus fidèle de la politique fublime de Socrate.

Il ferait aifé auffi de juftifier les critiques illuftres d'Ifocrate ; le ftyle de l'Orateur, malgré le nombre qui le fait valoir, n'eft point affez nourri aux yeux de la raifon : on voit qu'il eft plus occupé de fymmétrifer des périodes, que de raffembler des idées. Le choix bifarre de plufieurs de fes fujets, annonce auffi un abus de l'efprit, incompatible avec le génie : qui croirait que le Républicain qui prit le deuil à la mort de Socrate, a fait un panégyrique d'Hélène, & un autre du Tyran Busiris? mais il vaut mieux laisser achever cette critique à ceux qui auront le courage de lire en entier ce qui nous reste d'Isocrate.

Isocrate ne quitta, pour ainsi dire, la plume qu'avec la vie. Il composa, à l'âge de quatre-vingt-deux ans, son propre éloge, & à quatre-vingt-dix-sept ans, il termina son *Panathénée* : il survécut peu à cette espèce d'adieu qu'il faisait à ses concitoyens ; Philippe vainquit la Grèce, & anéantit la race de ses Héros à la bataille de Chéronée. L'Orateur qui aimait encore sa patrie, dans un âge où tout meurt en nous, excepté le vague sentiment de l'existence, ne put se consoler d'un pareil désastre, & se laissa mourir de faim : on lui érigea à Eleusis une statue de bronze, ouvrage de ce Léocharès, si célèbre, par son aigle qui ravit Ganymède.

Isée, élève de Lysias, avait composé cinquante harangues, qui ne nous sont point parvenues. Son éloge, pour la postérité, se réduit à avoir été le maître de Démosthène. On opposait, dans le tems, sa fougueuse véhémence au froid bel esprit d'Isocrate. Isée fleurissait au tems de la guerre du Péloponèse.

ESCHINE. — L'histoire de sa vie & celle de ses ouvrages, se trouve liée avec les annales Athéniennes, & nous n'avons presque rien à ajouter, à ce que nous avons dit à cet égard, dans le dixième volume de cette Histoire de la Grèce. On croit que cet Orateur n'eut d'autre maître que la nature : il fut toute sa vie le rival de Démosthène, & il ne cessa point de l'être, quand celui-ci l'eut vaincu & fait exiler. Au sortir d'Athènes, Eschine alla fonder une chaire d'éloquence dans Rhodes, qui eut une grande célébrité, ensuite il ne songea plus qu'à jouir de sa gloire, & il se retira à Samos, où il mourut à l'âge de soixante & quinze ans ; il était né, trois ans après le supplice de Socrate.

Lycurgue, qui en qualité d'homme d'Etat, n'a pas un vain rapport de nom avec le fameux Légiflateur de Sparte, fut à la fois l'élève de Platon & d'Ifocrate. Le premier cultiva fon talent oratoire, & l'autre l'initia dans les myftères de la politique ; il paraît qu'il réuffit dans l'un & dans l'autre. Ses harangues, que nous n'avons plus, étaient eftimées dans l'antiquité : quant à fon génie politique, Athènes le fit fervir au rétabliffement de fes finances. Lycurgue fut Adminiftrateur du tréfor de la République pendant quinze ans, & dans cet intervalle, il lui paffa par les mains dix-huit mille fix cens cinquante talens, (plus de cent millions de notre monnaie). On peut obferver, à fa gloire, que malgré le zèle qu'il mettait à augmenter les revenus dont il était le dépofitaire, il n'avait point l'ame financière. Plutarque rapporte que, voyant un Fermier fubalterne traîner en prifon le célèbre Xenocrate, parce qu'il n'avait pu payer une taxe à laquelle il avait été impofé, il acquitta la dette de fes propres deniers, & qu'il fit conduire en prifon le Fermier lui-même, pour avoir manqué de refpect à un Philofophe.

Lycurgue ne fe laiffa point gâter par les adulateurs d'Alexandre. Un jour qu'on appellait ce Prince devant lui, le Dieu de la Grèce : *quel Dieu ! dit-il, du temple duquel fes adorateurs ne peuvent fortir, fans être obligés de fe purifier !*

Alexandre qui craignait l'éloquence de Lycurgue, demanda cet Orateur aux Athéniens, pour le faire mourir ; mais ce peuple, tout dégradé qu'il était, eut le courage de défobéir à fon vainqueur. Lycurgue mourut tranquillement dans fon lit, laiffant de fon génie & de fa probité la plus heureufe mémoire.

DÉMOSTHÈNE. — La vie de ce grand homme, qui a joué un rôle fi brillant dans fa patrie, & dont les ouvrages immortels fuffifent feuls pour caractérifer l'éloquence du fiècle d'Alexandre, a été écrite, avec tous fes détails, dans le dixième volume de cette hiftoire de la Grèce, & nous y renvoyons.

HYPERIDE. —— Cet Orateur fréquenta les Ecoles de Platon, de Lycurgue & d'Ifocrate : ami ardent de la liberté, lorfque tout ce qui l'entourait allait audevant de l'efclavage, il fit fervir fon éloquence, à prémunir la Grèce contre les attentats de Philippe & d'Alexandre. Sa mort eft digne d'un Héros des Thermopyles ; étant tombé entre les mains d'Antipater, ce tyran le fit mettre à la queftion, pour arracher de lui des fecrets politiques, dont fon Machiavelifme avait befoin. L'infortuné qui craignait de trahir fa patrie, fe coupa lui-même la langue avec fes dents, & mourut un moment après au milieu des tortures.

Hyperide aimait beaucoup la Courtifanne Phryné ; obligé de la défendre en juftice, pour caufe de facrilège, on prétend qu'il ofa déchirer le voile qui couvrait le fein de fa maîtreffe, & que le fpeƈacle de tant de charmes , féduifit affez fes Juges , pour les engager à fauver la Courtifanne. Hyperide compofa cinquante-deux harangues, fi eftimées de fon tems , que quelques enthoufiaftes les mettaient au - deffus de celles de Démofthène.

DINARQUE , difciple de Théophrafte , naquit à Corynthe , & vint s'établir à Athènes , vers le tems des conquêtes d'Alexandre en Afie. Ses liaifons avec Antipater & Caffandre, ayant paru fufpeƈés au parti Républicain, qui domina quelques momens dans le Péloponèfe , il vendit fecrettement fes biens, & s'enfuit à Chalcis , où il refta exilé quinze ans. Théophrafte , au bout de cet intervalle, le fit rappeller , & il mourut dans Athènes , laiffant foixante & quatre harangues que nous n'avons plus , & qui , à caufe de la véhémence qui les caraƈérifaient, firent appeller leur auteur un fecond Démofthène.

DÉMÉTRIUS DE PHALERE. — Cet

Orateur était en même tems un grand homme d'Etat , comme Lycurgue & Démofthène. Ayant acquis la confiance de Caffandre , Roi de Macédoine , il gouverna Athènes pendant dix ans, avec la puiffance d'un Viceroi, & fe conduifit dans ce pofte délicat avec tant de fageffe , qu'on lui érigea jufqu'à trois cens ftatues; Athènes n'était pas digne , dans fa décadence , d'avoir ce grand homme pour maître ; auffi Poliocerte s'étant préfenté devant fes remparts , elle brifa toutes les ftatues de Démétrius, & l'obligea lui-même de chercher un afyle en Egypte, où il mourut en prifon , de la morfure d'un afpic , comme la fameufe Cléopâtre.

Démétrius fubftitua , dans fes harangues, le bel efprit d'Ifocrate au génie de Démofthène; fon éloquence, comme le foleil à la fin de fa carrière , n'avait que de l'éclat fans chaleur ; après lui les Orateurs gâtèrent encore plus l'art par l'abus des figures, & par la manie d'aller toujours au-delà de la nature ; le bon goût, à cet égard, fe perdit dans la Grèce afferyie, pour renaître dans Rome Républicue.

FIN.

TABLE
DES CHAPITRES.

Fin de la Table des Chapitres.